起來！為了更美好的將來

策展人——楊方儒　作者——Knowing新聞APP編輯部

15位夢想先行者的奮鬥告白

序／他們就是神！

過去我們說，網路是窮人的核子彈。現在我更要說，網路是年輕人的太空船。

核子彈與太空船？因爲在這個時代，每個人都不只可以成名十五分鐘，還可以創造偉大的全球能量與運動。

無論是台灣的選舉，先進與新興國家的政治與社會脈動，網路都已經是不可或缺的關鍵引擎。特別是Mobile Internet（移動互聯網），讓每個人都被釋放了。

釋放？因爲移動互聯網才是眞正的互聯網，你我手上的智慧型手機，成了人類感官的無限延伸。

Knowing是台灣第一個原生移動媒體，期望成爲年輕人最愛用的新聞APP，這是我回到台灣創業的初衷。爲了更貼近新一代，我們「90後」的編輯團隊，在創業初期，就企圖採訪一百位新世代典範人物。

他們，可能是一位立法委員參選人，也可能是一位插畫家，更大的可能是一位原本沒沒無名的素人。他們，共同的特徵是，在社群網路世界中：他們就是神！

從宅神到翟神到戰神，線上虛擬的「造神運動」越來越夯。不過，仍被上一代與上上一代主宰的台灣社會，始終都不願意理解，這更造成了傳統媒體與年輕世代，有著最遙遠的距離。

誰爲新黨王炳忠在網路上操盤？林之晨如何成爲新創世代的企業家代表？掰掰啾啾如何擁有一百多萬臉書粉絲？織田紀香的無差別獨門網路行銷術？時代力量黃

國昌真是戰神？黃益中怎麼從高中公民老師，變成喊水會結凍的意見領袖？

這些都是Knowing的年輕編輯們，希望在《起來！為了更美好的將來》本書中，為台灣社會解答的問題。他們又是如何透過臉書與手機，滲透到你我每一分每一秒的生活中？藉此贏得主導議題與粉絲思維的話語權。

你的眼界，決定你的世界。當移動互聯網改變每一個人的眼界，每一個人正迎來全新世界。我與Knowing團隊，正積極的站上更大的舞台，你呢？

Knowing新聞APP創辦人　楊方儒

目錄

王炳忠／新黨青年委員會召集人

不講話就等於默認了，默認以後就不要做任何批評。

黃國昌／時代力量執行黨主席

永遠都會有一群人做，如果在做的是對的事情，這群人就會越來越大。

蔣萬安／律師

台灣欠缺的就是整體創業的環境。

周偉航／特急件小周的人渣文本

如果要創造一個新媒體，要在某些方面，佔到話語權的高度和位置。

馬來貘／插畫家

夠冷門，所以我喜歡。

掰掰啾啾／插畫家

議題沒有自己獨特性的話，就很容易會跟大家都一樣。

爽爽貓／插畫家

那就用第二個角度看吧！

迷路與米米／插畫家

紅，之於小孩子，根本就是不重要的事情。

織田紀香／KKBOX 副總

我不缺粉絲，我缺朋友！

林之晨／AppWorks 之初創投創始合夥人

人生最大的懶人包，就是去大公司上班。

徐超斌／南迴醫院發起人

即便成功機會微乎其微，甚至只有千分之一的可能性，都勝過於不願嘗試的零。

文魯彬／環保熱血造夢者

參選最大的阻力，是來自於自己。

要跟全世界作戰，還要跟台灣政府打仗！

麻吉大哥17 app共同創辦人

黃立成

我們沒有看過這麼情緒溢於言表的採訪對象。一會笑、一會怒，彷彿他最要好的朋友，以及最痛恨的敵人，同時都坐在他身旁似的。他是麻吉大哥、影音直播APP「17」創辦人黃立成。廣為人知的是，不論喜怒哀樂，英文髒話一直在他嘴邊！這已經遠超過口頭禪的程度了。

位於信義區辦公室，是他在紡織界的好朋友，無償供他使用好幾年的。剛剛從矽谷回來的他，不僅見到了紅杉（Sequoia Capital）等全球一流創投，懷裡還順利揣回一千萬美金，成就了台灣新創公司歷史上最高的A輪融資與估值。

還有一路支持他拍電影、做APP的遊戲橘子董事長劉柏園，想到這些貴人，黃立成臉上滿是笑容。

「我就一直都是大哥啊！」在他口中，除非年紀比他大，要不然就算是在中國最有名的富二代、萬達集團董事長王健林的獨子王思聰面前，他也還是大哥。王思聰是「17」的天使投資人，A輪也跟了上來，顯見他對於「17」後勢確實看好。

除了在 L.A.Boys 裡當大哥，黃立成現在還要在創業圈當大哥，但也因為直播 APP「17」成了出頭鳥，各種惡意攻擊與評論，總惹得他大罵。特別是台灣政府，讓他怒斥好比是肩膀上扛著的搗蛋大猴子。

回想被檢方約談那一天早上，黃立成生氣的說，警察到辦公室來拘提「17」另一位創辦人陳泰元。還在睡覺的他，一起床就趕到派出所去，結果遭到許多不合理對待侮辱性言語，甚至連律師都不能見陳泰元。這都讓他非常不爽！

「政府非但沒有支持創業團隊，還一直打壓我們！」黃立成說得直接。

當時「17」因為受到用戶直播不雅視頻而被下架，如今「17」在全世界各地有二十位監管人員，二十四小時監督用戶直播動態，也會透過 SkyEye 軟體技術來做監管，「只要看到誰的流量突然莫名其妙飆高上去，我們就會去查嘛！我們也都通過蘋果公司與 Google 的審核，證明沒問題嘛！」

如今萬事具備，黃立成期許「17」要超越 Facebook 與 Instagram！他認為，台灣正在被 Facebook 殖民，因為「你發現你的照片被使用時，你卻不能告他侵權，因為在他們的使用條例裡面，你已經同意他們使用你的照片了」。

黃立成強調，透過「17」的分潤制度，現在已經有十多個直播用戶，每個月可以拿到將近一萬元台幣的獎金，「你在這裡可以獲得一些小錢，就當作是像老人年金嘛！如果有很多追蹤者，那可以拿到更多啊！」

黃立成確實有這個本錢發出豪語。「17」在四個月內就擁有六百萬下載規模，在他口中，雖然遭遇下架風波，但要創造一千萬量是指日可待，而且肯定比 Instagram 花了九個月才達到千萬下載來得快。

在黃立成口中，他在矽谷與投資機構洽談時，被定位為「連續創業者」（serial entrepreneur），雖然他不是完全同意與理解這個創投界的術語，但是他開過夜店，拍過電影，幫人出過專輯，也當過經紀人，更先後做了五個 APP，確實值得這個名號。

雖然在黃立成口中，他不是真的很懂移動互聯網（Mobile Internet）產業，但是他確實在三年前就押寶手機軟體與服務就是趨勢，算是台灣移動領域的先行者。例如「好麻吉」是一款交友 APP，黃立成採用「男來店、女來電」的商業模式，也就是女性免費使用，但男性收發交友訊息卻要付費。目前「好麻吉」雖有一定忠實用戶數，但仍稱不上成功，也確實有不少爭議，使用者甚至直接告上法院。

直到「17」大轟動！黃立成希望能夠擺脫情色刻板印象，讓「17」能夠成為一個單純的分享生活平台，用戶「很自然地」在上面分享生活中的大小事。

只不過用戶確實是難以操控的。黃立成笑著說，曾有二十四小時直播狗的動態的用戶，以及直播貓動態的用戶，互相以「裸體不雅內容」相互檢舉。

談到「17」未來的商業模式，第一步是接上 PayPal 與支付寶，讓用戶彼此贈送虛擬物品，第二步是嵌入不會影響用戶體驗的廣告，第三步則可能走到電子商務。現在的電視購物，有一天可不可能變成 APP 直播購物呢？如此大的想像空間，確實讓「17」很受創投歡迎。

「17」在完成A輪募資之後，黃立成與創業團隊仍然持有超過七成的股權。此次的投資者包括日本 Infinity Venture Partners 和王思聰的普思資本（Prometheus Capital）。Infinity Venture 經營合夥人田中章雄說，就像 WeChat 和 LINE 把即時通訊改變成社交商務訊息平台，「17」正在改變世界上行動照片及影音的方式。

王思聰也對「17」信心滿滿的說：「我相信『17』將會成為中國和世界的重要業者！『17』可以贏得亞洲年輕人的心，包括 App 最大的市場中國。」

我從來不覺得台灣落後別人！以電競來說，我們台灣曾經世界第一名過，剛剛結束的國際比賽中，兩個台灣隊入選全球八強。

照片提供／吳昱玟

你現在怎麼定位自己？

我自己看，我就是老大嘛！

我年紀越大、就越來越「大哥」。我今年四十三歲，年紀越來越大，就越來越少年齡比我大的大哥。（大笑）

到矽谷時，創投把我定位成「連續創業者」，我也確實做過音樂人、經紀人、電子競技、網路公司，和現在的APP創業者。

我做過很多的軟體，包括約會APP、交友APP，還有「好麻吉衣櫥」APP。「17」不會是最後一個製作的APP，不過是目前投資金額最高的。像是以前做過的「真心話大冒險」的APP也不成功，我直接放棄，做不對就是不對。

我覺得交友類的APP，一直都有市場，但要做好可不是這麼簡單。APP內容是要能夠創造「火花」的，不然不能長期經營，也得不到用戶的滿意。往往是簡單的一個按鍵，放在頁面上哪邊都有差別。

回顧17被下架的過程，有什麼感想？

我以前開夜店，就了解會有看不到的敵人，大動作、小動作來干擾你。

做APP也是，而且情況更麻煩！例如有人會故意「買榜」，給「17」一顆星的評價。這導致連蘋果都看不過去了，會主動幫我刪除。

雖然先前被下架，但我希望在年底，可以讓用戶透過直播賺更多錢。我們希望盡快達到一千萬人下載。

一千萬美元的A輪資金你會怎麼用？

我受到YouTube的影響很大。

過去有YouTube studio，讓YouTuber可以進棚拍更優質的影片，也讓很多頻道紅了起來，這讓我體認到要靠優質內容才能使客戶有黏著度，就像好的電視節目讓大家一看再看。所以我未來可能會設立「17」的攝影棚。

九月的時候，我們還安排這些素人去洛杉磯玩，讓他們用手機直播旅遊過程，帶著大家一起去玩，有點像《大明星小跟班》。可惜的是，這個活動正好是在APP被下架的時候，導致沒有太大效果。

我當時還帶他們去看NBA、環球影城與迪士尼樂園，大家都很高興。十二月份，會選兩位人氣最高的直播明星，帶他們去法國巴黎玩，希望能夠造勢成功。

外界認為台灣在移動互聯網產業大幅落後，你同意嗎？

我從來不覺得台灣落後別人！以電競來說，我們台灣曾經世界第一名過，剛剛結束的國際比賽中，兩個台灣隊入選全球八強。

八強中韓國人也有兩隊，但我們人口比韓國少，但是台灣能入選兩隊，真的很不錯啊！更不用說大陸有十三億人口，卻連一隊都沒有。

回到APP的部分，台灣其實也有很強的程式設計師，但是，我們的問題就在政府，有沒有跟我們站在一起？

在大陸，政府是過度的保護他們的市場，他們不要Facebook、不要Google，他就是不要讓他們的市場被侵入。但台灣政府沒有幫我們嘛！這讓我們除了要和世界打戰，還要跟政府作戰。

政府不僅不作為，還來阻擾？

We are carrying the government on our back! 韓國的創作者很強，人家政府也挺，而我們台灣的創意也很棒，但政府讓我們在艱困的環境做事。

現在台灣只有「17」這個直播的APP，政府還是要攻擊我們，說我們是負面教材，立法委員想做秀、法官檢察官都罵、警察約我去談話，媒體狂弄，警察政府只是要表現他們要做什麼。事實上他們在法律上站不住腳。

當時我原本根本不想理他們，但他們卻到辦公室，把我的夥伴陳泰元帶走。講帶走是好聽，在我看來他們是抓走他。

派出所裡面都是便衣，押著我們到地下室，在裡面都問些很尖銳、預設性的問題。我覺得很荒謬，我不是做黃色的平台啊！

照片提供／麻吉娛樂

怎麼看現在網路內容的價值？

直白的說，現在瀏覽、點擊的流量就代表錢。

例如一部電影，可能花了一億預算拍，但票房不好，只有三十萬人看，不僅是虧錢的，而且沒有人知道，大家就覺得很爛。如果是一張正妹拿國旗遮胸部的照片，可能一PO上網，就有一千萬人看到。

這些PO文點擊率很高，但跟電影比起來，哪個比較有價值？你永遠不知道。

「17」這麼受到關注，未來還有什麼計畫？

以後會想要自己當導演！

之前投資的電影《變身》，讓我虧了大錢。我七年前就跟九把刀買了這個劇本，但七年後才拍。最近手上也還有三、四個新劇本，其中我比較喜歡的，是一部日本侵略台灣的戰爭題材，很有趣的。我也一直覺得安倍晉三，眞的很像希特勒。

當然現在先把「17」做好，其他的以後再說吧。

採訪／楊方儒、撰文／葉立斌、整理／李家安

我能做到的，就是在高中學生們心中散播「公民素養」的種子。

黃益中

熱血公民教師

理著平頭、炯炯有神的雙眸，這是大直高中熱血公民教師黃益中的招牌特徵，除了參與反黑箱課綱行動以外，他同時也是台灣居住正義協會的理事長。

看似對公眾事務不留遺力的黃益中，認為大眾為這些運動給予的「認同」，可以為他帶來「樂趣」。

黃益中強調，他並不是偶像、聖人，一開始站出來只是因為自己買不起房，因此希望大眾別刻意神化他。

而對於台灣高中生對於公共事務關注度較低、較欠缺公民意識的情形，黃益中也認為，除了公民科目以外，各科應該都從不同面向來培養學童關注時事的素養。

針對曾因積極參與社運、出書，而被某些公民老師質疑不備課、偷懶。黃益中表示，他將每日四大報上的內容訊息都看過一遍後，再融會貫通、運用於教學。有時甚至讀完都一、兩點了，他莞爾的說：「說不定我是全國最認真備課的公民老師呢！」

對於二〇一六年立委選舉，黃益中表態不會參選。雖然已有第三勢力的政黨有意延攬他，但黃益中認為，他必須讓全台的「教師群體」接受、並相信他是為了替教師們爭取權益，等這些「基礎」穩固後，他才會考慮參選。

除了自身相關的問題以外，黃益中也建議年輕學子們，可以藉由閱讀各份不同的報紙，來培養公民意識；並鼓勵同學們以閱讀書籍的方式來「殺時間」。

從事社會運動以來，得到最大的收穫是什麼？

如果要說最大的收穫，就是獲得大衆的「認同」，並從中爲我帶來「樂趣」。像最近很火熱的「反黑箱課綱學潮」，其實我也算是先驅之一，早在去年一、二月時，我們一群人便開始在教育部前絕食靜坐，但那時幾乎沒有大衆響應，來的人數甚至比我現在一場簽書會還少。

當時是因爲看不慣教育部蠻橫、強詞奪理的做法，就帶著正義感前去抗議了。雖然一開始沒什麼人支持，但一直堅持到現在，我們可以看見全國不少高中生、民衆都參與進來、聲援，這都讓我有被認同的感受，進而爲我帶來樂趣。

不過我也希望大家不要神化我，我也只是個平凡人。一開始會走到社運這條路上，純粹只是因爲自己買不起房，想藉著結合買不起房的人、來向政府抗議，才集結成「居住正義聯盟」這股社會力量。

不過若能因我們的爭取而使大眾獲利，也是相當不錯的結果。

最近日本通過了投票年齡下修至十八歲，再對應台灣修憲破局，年輕的學子們有何反應？

其實大部分高中生也不贊同將投票年齡下修。我曾在我任教的班上做過統計，在知道日本已在日前通過「降低投票年齡法案」的前提下，仍有約八十％學生希望維持「二十歲投票」的制度。

詢問過後我才發現，大部分學生反對的理由多是覺得自己不夠成熟，且尚未具備足以判斷重大事件的能力。

而同學們認為自己不夠成熟這件事情，就與台灣的教育制度有關了。其實除了一週只有兩堂課的公民課以外，各科目都應從不同面向，來協助學子培養關注、分析時事議題的能力，如此一來才可能讓學子態度更加成熟、視野更加開闊。

在目前台灣教育制度仍將培養「公民意識」的責任，全推給公民科目的情況下，我能做到的，就是在高中學生們心中散播「公民素養」的種子，待他們上大學後接觸到更多訊息時，就能滋養這些素養、讓它們長成大樹。

如果學生想多吸收新知、關注社會議題的話，應從何著手？

我會建議他們從報紙吸收。但是必須注意的是，不能都只看同一個媒體的新聞，否則就會被特定立場牽著鼻子走；最好讀完各個立場不同的報紙，這樣才可培養出獨立思考的能力。

不過值得一提的是，智慧型手機也是很好的新知來源，而且更快速、便利。所以我也很鼓勵學生使用手機了解資訊，這也是我在課堂上不阻止學生使用手機的原

但如果有機會，我不只會想當立委，更要當上教育部長！

照片提供／黃益中

因，我相信同學們都是爲了了解更正確、更新的資訊，才會使用手機的。

這種融入社會議題的教學方式，是否曾經遇過阻力？

其實有不少老師質疑我偷懶不備課，但無論多忙，我每天都會努力讀完四大報，有時看完甚至都已經凌晨一、兩點。我除了把本來該教的教材熟讀得滾瓜爛熟以外，每天大量閱讀不同觀點的時事報導，都有助我融合、應用於教學上。

我從求學階段開始，便培養出這樣的閱讀習慣；因此我不是不備課，而是已將「教育融入生活中」。如果把我讀報算成備課的時間，我甚至可能是全台灣最認眞備課的公民老師呢！

除了閱讀報紙以外，通常都看什麼類型的書籍來充實自己？

除了四大報以外，我必買《壹週刊》、《遠見》、《天下》、《週刊王》等雜誌來閱讀，當然《GQ》也是！

不過只要看到我喜歡的書，我通常都會買下來。我不太買小說，除非是眞實故事的小說，我通常會買與我正在研究議題有關的書籍，例如財經、房產等等。

我偏好實際上摸到書本的感覺，並且比較喜歡去誠品等大書店挑書。因爲逛獨立書店時常常被店長認出來、並與我閒聊，如此一來我就無法享受好好閱讀書籍的感覺了。

因此我也很建議同學們，可以廣泛閱讀書籍。現在隨便一件潮流T-shirt就要花幾千塊、一支智慧型手機就要花上萬，但買一本好的書可能才賣三百塊！而且比起一部電影平均長度兩小時，書一本就可以看上六小時！相較之下，無論是要省錢、殺時間，書本都是最划算的選擇。

寫作投稿的理由為何？

我之所以這麼努力投稿、並且都投給《聯合報》，最主要的目的就是希望馬英九總統能夠看見我對房屋政策的看法、建議。但很可惜的是，我的稿子在紙本報紙上根本沒被刊登過。

如果《聯合報》當時有多刊登一點我的建言，或許我也不需要去搞「巢運」這麼大的社會運動了。

對於抑制房價，有何好建議？

社會居住正義協會希望，政府起碼要蓋出五%的社會宅，讓買不起房的年輕人們能夠有棲身之所，目前仍有中央不願與地方協調的情形。

例如台北市長柯文哲的政見之一，就是要蓋出五萬戶的社會宅，事實上他是做得到的，但中央政府卻寧願把土地出售給財團，也不願讓柯文哲有足夠的土地來完成這個政見。

這是很有政治考量的動作，若是爲了替全民謀求更多福祉，中央政府應該讓自己心胸更加開闊，來完成這些對大眾有益的政策。

是否有意角逐二〇一六年的立委選舉？

其實我非常想當立委，且已有三個第三勢力的政黨來詢問過，但都被我推掉了；因爲我認爲，我的「根基」還不夠穩健。

如果我要參選，就必須要讓全台中、小學教師的群體知道，我之所以會出來選，並非是爲了剝奪老師的權益、損壞老師的形象，相反的，是爲了替老師們發聲。但目前我與各方溝通尙不成熟，且負面輿論仍四起，所以我暫時不會考慮參選。

但如果有機會，我不只會想當立委，更要當上教育部長！

粉絲對你做過印象最深刻的事情？

其實對我熱情的粉絲大多是男性，但最讓我印象深刻的是，一場在台南課綱微調的簽書會，有一位女粉絲專程南下看我，就只爲了讓我替她簽個名！

雖然她的誠意讓我印象深刻，但我必須要說，請大家不要把我當成「偶像」，我只是一個跟大眾沒有兩樣的平凡人，如果你們跟我要簽名的話，可以來告訴我，我會很樂意幫忙簽名的。

外界很好奇你的性向，介意向大眾簡單說明嗎？

這種非得分出某人是異性戀，或是同性戀不可的「二分法」問題，就像「你結婚了沒？」、「有沒有生小孩啊？」、「工作領多少錢？」一樣沒有意義。

不過我必須鄭重回答：「性向是天生的，無法被外力改變；而本人沒辦法去喜歡上同志。」

但我認爲，其實一個人的性向並不是最重要，重點是他所做的事情。這種問題愈是在社會上遍布，便愈突顯出台灣嚴重的性別刻板印象。如果眞要分出所有人的性向，怎麼都沒有人去問神父：「爲什麼不愛女人？」、「爲什麼不結婚呢？」

網路社群有機會改變台灣社會嗎？

當然可以，洪仲丘、太陽花運動都是靠網路集結的。以太陽花來說，如果當時網友們沒有藉由臉書、PTT串聯，攻入議場首日場內的數百位學生，是很輕易便能被驅離的。換句話說，藉由網路號召數千位在外圍防堵警察清場的群衆，打穩了整場運動的基礎。

從選舉面向來看，也可以看出這一點。去年九合一地方大選中，台北市長候選人連勝文每天無論做出什麼新動作，都會被上傳至網路酸，藍營支持者便受「沉默螺旋」影響，不敢公開說支持連勝文，使柯文哲異軍突起。

對於政府將網路上民衆的批評打為「婉君」（網軍），有何看法？

其實這種方式可能有點一廂情願，同時也把國民黨的隱性支持者往外推。在網路上發言的民衆，有些其實還是願意投給國民黨，但如果執政黨將這些言論都貶爲惡意批評、組織性攻擊，就很難再獲得他們的認同、只能固守原來的鐵票群衆了。

你如何看待台灣現在的年輕人？

我認爲台灣現在的年輕人很棒，雖然有時候會覺得新世代的年輕人叛逆，但這也代表他們是具備思考能力、富有正義感的，最顯著的便是會爲弱勢發聲。這都是上個世代所沒有的特質，所以台灣未來是可以期待、有希望的。

撰文／陳彥驊、整理／陳致畬

林昶佐

人生十八年，被這個政府偷走。

閃靈主唱

本名林昶佐的閃靈樂團主唱 Freddy，十五歲的時候，在作文簿寫下他的志願是要組搖滾樂團、巡迴世界。

當時老師給他的評語是：「不切實際。」

他說，如果有台時光機，他想跟十五歲的自己說：「沒有問題，我們一定做得到！」他現在做的事，正是他十五歲以來的夢想。

但如今，他卻願意擱置少年時代的夢想，把炫目的戲服換成西裝領帶、走下萬人擁戴的舞台，踏上街頭，向每個不一定認識他的民衆，訴說他改造社會的理念。此刻的他，不是閃靈樂團的 Freddy，而是「時代力量」的立委參選人林昶佐。

林昶佐說，參選是很大的人生轉折，因為必須要拿自己從小的夢想當做代價。但事實上，如果有在關注他的過往事蹟，相信就不會對他從歌手轉換跑道從政的決定感到意外。

這樣的轉折不是一天兩天。再回溯到他高三畢業那年，因為某些事讓他大哭了一場，而那些讓他大哭一場的原因，也正是他往後人生轉折的伏筆。

為什麼會參加時代力量這個政黨？

在理念上，其實很多政黨都跟我有很多重複的部分，但時代力量的話，畢竟是大家的氣味比較相投啦！應該說大家幽默感比較像吧！之前組黨的過程，像曾威凱、林峯正、林世煜，這些人過去都認識，林世煜跟威凱算是本來就很熟的朋友，過去在國際特赦組織的時期，我跟林世煜跟威凱都有共事過幾年，所以要講理念的話，包括時代力量、綠黨這些朋友，大家理念其實都還滿近的，還有一部分民進黨朋友、台聯，過去也常在街頭碰面，大家一起並肩作戰。

也認識滿多其他政黨的人，為什麼沒有加入那些政黨？

那些比較多都是理念相同，但是平常會來往的不多，當然大家在街頭都很好，但沒有眞的變成一群有緣份、可以喝酒的朋友。但時代力量就是一群藝文圈的、電影圈的人，也有時尙圈的，都因爲我參與組黨，讓大家都一起來。這些人以前甚至也不會上街頭，都是平常過去本來就是朋友的人。應該說，並不是爲什麼選擇時代力量，而是大家一起說要組黨，就是這樣。

什麼時候開始關心社會議題？

這個就不可考了，可能國、高中的時候吧！

什麼樣的事情，讓你覺得很重要？

主要就是教科書，發現上面教的東西跟自己周遭環境都沒有什麼關係，雖然現在的課本好像還有什麼「認識台灣」，但我們那時候的教科書沒有，提到台灣的部分很少。

指的是中國大陸的歷史、地理那些內容？

歷史、地理或國文都是，講的也都不是我們這邊的作家、文學家。

一般的學生可能都沒有接觸過其他內容，會覺得課本教這種東西好像很理所當然，你為何會發現這些問題？

其實我認爲一般的學生沒有覺得理所當然，只是爲了考試而已，所以可能也會懷疑念這些東西要幹嘛，至少我以前同學都這樣，會覺得平常也都用不到、學東西都沒有現實感。我覺得大部分的人都知道教科書的東西不正常，但是因爲要考試所以就硬念。我只是覺得不爽，所以我就不念，只有考試的時候想到才應付一下。

當時是比較消極地抵制這樣的教材？

就是慢慢有這種明顯的感覺，發現學校、教育都有一種欺騙的感覺、人生被政府偷走的感覺，因爲花那麼多時間在念那些，不是自己身邊的事情。那對我而言，覺得對政治很不信任吧。大概在高二、高三時特別有感觸，爲了考試只好硬念，但又覺得浪費時間很難過，這種感覺還滿明顯的，我記得我高三畢業的時候，我就大哭一場，覺得人生十八年被這個政府偷走。

當時發生了什麼事？

高三之後，我阿嬤的狀況不太好，就去養老院了，然後記憶力也很差，整個人生產生很大的疏離感。我是一九七六年出生的，小時候跟阿嬤講話都講台語，到了國小一年級，去學校講台語要罰錢。我一歲到七歲都跟阿嬤講台語，七歲之後政府就說，我之前的人生是錯的、之前講的這種話是低劣的，好像一直被政府玩在手裡

對很多以前被灌輸「一定對」的事情，有更多勇氣去辯證到底是對是錯。

照片提供／時代力量

這樣。

小時候會跟阿嬤聊什麼？

像我阿嬤從小跟我講日治時期躲防空洞的故事，但是政府卻灌輸我那時候是在躲日本人來轟炸，讓人覺得好像是對日抗戰，可是事實上不是啊！當時的敵人是中華民國跟美國嘛！台灣也不是自願要當日本的一部分，是被割讓的，但是歷史的現實是，台灣人那時候就是日本人嘛，看到美國、中華民國的飛機飛來、防空演習的聲音來，就要趕快躲。

發現阿嬤跟你講的故事，跟學校教的有出入？

我從小聽阿嬤講我們家的故事的時候，常常都有聽沒有懂，她講的是中華民國、美國來轟炸我們，而我都會認知成日本人來轟炸，而且我阿嬤會講日文，那不是很怪嗎？我阿嬤會講日文，可是當初竟然在躲日本人來轟炸？我根本沒有機會好好地認識我的家人，產生誤會的原因是因爲政府灌輸假的歷史，那這就是我十八歲時痛哭的原因，因爲我很明顯的想到我這十八年被政府偷走了，感覺很難過。

當你發現這些事實之後，有沒有再去找阿嬤聊？

之後會重新想辦法練習台語，也會去看阿嬤，每次看阿嬤也都是大哭，因爲要再能夠跟阿嬤聊天也已經沒有辦法，因爲她已經不認得我。我很想要跟以前一樣聊天，想告訴阿嬤說：「您告訴我的故事，我現在終於都懂了。」但她也不知道我在講什麼，而且她也不知道我曾經不懂，所以這是很難過的，我想我覺醒的過程，有很多很多的累積，但是那年應該是我印象最深刻的一年。

在那之後有採取什麼行動嗎？

就看更多的書，世界各國的書、關於台灣的書，接著就是對很多事情都重新思考。其實有很多事情都是可以重新思考的，像我們從小到大有很多事情，例如小時候被灌輸同性戀是邪惡的、被灌輸少數服從多數的多數暴力的概念，反正多數人說的就是贏了，少數的就是要聽，即便有人剝奪了他的財產；還有要尊師重道這種禮貌優先、倫理優先，等等很多的事情。那時候都對很多以前被灌輸「一定對」的事情，有更多的勇氣去辯證到底是對還是錯，而不是因爲別人告訴我的。

印象深刻的作者或是書？

像是史明、黃昭堂等，後來看比較多的是文學類的，像楊逵、賴和的書，因爲我畢竟還是一個創作者，所以看這些創作性的。

比較印象深刻的爭辯經驗？

像是認同問題，我可以講我是台灣人、我是大里人、我是台北人，因爲我從小在大里、台北長大，然後我住在台灣，但我沒辦法說我是中國人。大學時代會有人來回應，說我們的骨頭啊什麼的，在幾十萬年前就已經發現中國人的骨頭怎樣怎樣的，就是講一些死人骨頭的東西，看了會覺得這非常的愚昧，可見他對於國族的認同，甚至說對於自己成長的地方的認同，竟然寄託在一個北京山頂洞裡的某個死人骨頭上面。我那時很喜歡西洋音樂，甚至覺得，說不定有一天可以移民去這樣的音樂環境，但那時候我沒有想清楚要移民去哪裡，只是單純覺得可以住在這樣的音樂環境很棒，可是從來沒有想過有人會把認同寄託在北京的某一個山洞裡的骨頭上面。

怎麼看待「認同」的問題？

一個自然的人生，來自於我住的地方、爸爸住的地方、媽媽、阿公、阿嬤住的地方、以及未來會希望去的地方。如果這個地方眞的不喜歡，想要去當芬蘭人、日本人、美國人，都是很正常的事情嘛！但是把認同寄託在從來不知道的山洞裡的骨頭，是很奇怪的事情。

曾經有過移民的念頭？

對，那時候想，喜歡的樂團、歌手都在英國跟美國，就會覺得那一定是一個超棒的地方，喜歡那個音樂的環境。

照片提供／時代力量

在參與政治或公益的過程中，有哪些樂團或是歌手曾經給你啓發？

其實有很多啦，尤其metal重金屬搖滾，裡面有很多對政治各式各樣的想法，我自己比較喜歡那些老一派的，像Anthrax講到種族的事情，Megadeth也會講到很多政治的或者戰爭等等，其實很多樂團都是，很難特別光談哪一個，尤其各式各樣的搖滾樂樂團背後，都有很多理念。

假如之後要從事立委職務，樂團的經營怎麼辦？

原則上一定是以立委爲主，但是我畢竟還是個創作人，所以創作、創意的部分會發揮在立委職務上面，或是眞的有時間來寫寫東西，像是寫歌詞、寫音樂、寫作，有可能是發揮在政治的工作上，但原則上就是以立委的工作爲主。

樂迷對你參政有什麼看法？

大部分也都是支持，我看網路上大家的貼文也都是支持。

有沒有樂迷沒辦法認同你參政的？

可能有，但是眞的沒印象。

撰文／何宇軒、整理／楊庭瑄

王炳忠

新黨青年委員會召集人

不講話就等於默認了，默認以後就不要做任何批評。

二○一四年的三一八太陽花運動，在一片反服貿的聲浪中，主張大中國思想的王炳忠異軍突起，一戰成名。他的政治主張，與當時檯面上的「青年意見領袖」相比，算是異類，同時也受到許多質疑與攻擊，連賴以發聲的臉書帳號也遭惡意檢舉停權，可說是到了「有口難言」的地步。

因為這些事件，讓他遇到一位原本素不相識，但因為有相同理念，而願意主動貢獻專業來幫助他的好夥伴。提到這位夥伴，王炳忠說：「因為我氣勢很強，身邊的人大多怕我，但我卻是怕他的。」不禁令人好奇，這位能讓王炳忠敬畏三分的，究竟是什麼樣的人物？而王炳忠又為什麼會怕他呢？

他是王炳忠口中的「正國兄」林正國，是義務協助王炳忠管理粉絲團的網管。在王炳忠透過臉書傳達思想時，林正國則是在旁提出建言，甚至適當地踩剎車，讓王炳忠的理念更有效率地流傳。

說到王炳忠與林正國認識與合作的經過，就不能不提王炳忠一路走上檯面崛起，以及如何面對不同意見的網友挑戰的往事。

你與正國當初是怎麼認識的呢？

話說我跟正國兄認識，太陽花事件是個很大的影響，所以包括之後遇到的網路霸凌經驗，都是在太陽花以後第一次碰到，因爲過去我沒有粉絲專頁，只有個人臉書。當時太陽花事件，我到立法院前，希望能和這些霸占國會的學生對話，那個事件之後就突然被媒體關注，很多人就知道我這個人，當時的經驗是私信被灌爆，一天一下子幾千封的私訊就湧入我的臉書，那我當然不可能回，因爲全部都被塞爆。

當天晚上我的臉書就被封鎖，它顯示訊息說被檢舉，因爲疑似涉及什麼腥羶色啦、令人不悅啦，各種讓人覺得不舒服的理由。另外一個原因是有網友檢舉「這不是我的臉書」，因爲他們說我不叫「王炳忠」，而叫「王偉忠」（編按：當時在公開場合，曾有活動主持人把王炳忠名字誤念爲王偉忠）。我當時也不曉得臉書的機制是什麼，總之可能是人數夠多，網軍部隊集中火力來檢舉單一臉書帳號，那我的帳號就被封鎖。

當時你的反應是什麼？

我那時很氣憤，因爲我覺得，我可以忍受你的意見跟我不一樣，跟我辯論都可以，拿我的名字去做文章，我也一定程度的容忍，可是你影響到我發聲的權利，這我不能接受。那天半夜三點多我很氣，我就寫新聞稿，認爲一定要趕快讓別人知道，我的發聲已經被堵死了、講不出話了，就盡我所能把這件事發給所有認識的記者。大概過了一兩天之後，我的臉書又復活了。

是自動復活嗎？

我不知道是自動復活，還是我出來抗議所以復活，總之過了一兩天後，我的臉書又開通了。其實這樣的遭遇到後來一直不斷出現，常常過一兩個月又來一次，而

立場主張這我不會妥協，但表達的方法跟手段，我可以溝通。

照片提供／王炳忠

且是無預警的，所以我那時候其實是很擔心受怕，每天都不曉得會不會突然又被封鎖，當時我一看到臉書又復活，就很珍惜機會，要來看看到底網友都給我什麼私訊。

網友會給你哪些訊息呢？

很多都是來罵、來亂的多，但也有很多加油的，那我就想把這些加油的人找出來，因爲我覺得這是很難得的機會，說不定過了幾天我的臉書又被封鎖，所以我就從裡面挑出對我比較支持的網友。在挑的過程中，正國兄也在裡頭，所以我們是這樣認識的。

林正國有讓你感到特別不一樣的地方嗎？

正國兄一開始不是爲了賺錢來幫忙，我們本來也不認識，是因爲理念所以認識，他本來就有電腦方面的專業，看到我的臉書被封鎖，主動說我應該要經營粉絲專頁。我過去一直沒考慮這點，因爲我覺得我也不是甚麼大人物，弄個粉絲專頁會不會太抬舉自己、把自己弄成像明星一樣？所以當時有點保留。我就說我的個人臉書也在講話了啊，爲什麼要另外再搞個粉絲專頁呢？

林正國怎麼說呢？

正國兄提供很多專業的意見，包括說粉絲專頁是個能夠長久穩定蓄積人氣的地方。他認爲，我現在就算不想抬舉自己，但實際上我已經被媒體還有很多網友希望成爲某種聲音的代言人。

所以這讓你開始覺得有設立粉絲團的必要？

個人臉書比較像是我跟你眞的認識，我才加你做朋友。那現在沒辦法，我可能要應付很多我不認識的人，當中可能對我有褒的有貶的，我都得應付，所以正國兄就覺得在這樣的情況下，粉絲專頁是一定需要的。後來我也的確發現粉絲專頁的好處，比如說到目前爲止，粉絲專頁還沒有發生過被封鎖的現象，這可能是臉書本身設計對粉絲專頁比較寬，它本來就能夠一定程度的去承載很多人來檢舉。

你跟正國是怎麼合作分工？

有的時候忙不過來，尤其選舉（編按：王炳忠曾在二〇一四年十一月參選議員），我就提供材料。比如說我把圖片跟我想講的話給他，他去幫我設計。例如這個圖要不要裁剪、畫質要不要調、兩張圖一起放還是一張圖就好，這就是由他的專業去判斷。或者我提供我要講的文字給他，至於要不要刪減、分段怎麼分，就是正國兄專業判斷。經由專業的網管，讓思想可以擴散得更廣。但思想還是我訂的，不是找人替我捉刀，我的粉絲專頁講的言論一定是我的意見、思想性的回覆一定是我回。

在合作的過程中，有哪些磨合？

因爲我個性比較有主見，一開始不習慣，就覺得會不會幫我管理臉書之後，這個臉書就「不像我」？所以有很多意見，那正國兄又是比較謹慎認眞的人。通常我周遭的朋友或人都是怕我的居多，因爲我自認氣勢滿強的，但是我怕他比較多，因爲他很謹愼、專心認眞地跟我講話，反而讓我不敢怠慢，假如我隨便講一個東西但他很認眞的做了，那我要負起責任。

感覺你很尊重他的意見？

也不是說要刻意尊重什麼，我覺得要合作或如果你信任一個人，就要給人權力。如果自己又要東管西管，那人家要幫你都不知道怎麼幫。這也是我參選以來的感觸，我們要有團隊，但不是每個人都要完全一樣，如果從理念到個性都一模一樣才能合作，那就沒人了啊！那就是像馬英九啊！我現在組一個團隊，也要找各式各樣的人，有不同的專業和不同的個性，不需要每個人個性都跟我一樣。你看正國兄那個臉是滿嚴肅的，有點嚇人，會不會？（林正國笑而不語）

剛剛也提到正國比較謹慎，那讓你在發言時有所修正、妥協？

王炳忠：我想講的東西比較強硬，然後正國兄建議不要這樣，其實滿多的。

林正國：因為炳忠比較大中國思想，這其實在台灣不是那麼受歡迎，曾經我有建議過他不要說得這麼獨特，也許有時候可以順應潮流一下，但炳忠他的回應是，這是他的堅持，曾經有這樣的狀況是他會比較強硬，我會建議他稍微語氣比較放軟。

像對我來講，立場主張這我不會妥協，但表達的方法跟手段，我可以溝通。比如說，有些文你第一句話打什麼很要緊，因爲通常大多數人臉書刷過去，他沒有時間看長篇文章，他主要看第一句話你表達的題目是什麼，那我可以不要寫那麼說教的標題。或者說正國兄建議要多拍一些照片、或者我去哪裡參與什麼活動、得到什麼感想這種的，不要那麼硬的灌輸我自己的理念。還有像有時候我想說把一些罵人留言刪掉算了，正國兄就會說，有些罵人的東西我們留在那，也是激勵我們自己的粉絲，他們會去幫我們辯駁。

在網路上發表議論的經驗？

我其實在網路上發表個人議論有很長時間了，二〇〇〇年我國一的時候，就成立個人網站，那個年代不要說拍照上網，也沒有人覺得要在網路上寫日記。一般人會覺得，到網路上放日記跟照片是神經病啊、不是暴露自己的隱私嗎？那我開風氣之先，那時候就成立個人網站了。像PcHome、奇摩會提供免費的網路空間，我就去申請，然後用Frontpage、Dreamweaver自己做，就像成立一個網路媒體一樣，有分歷史、小說、散文等類別，還有批評政治。

當時就強迫、鞭策自己，每個禮拜至少要有一篇批評政治的文章，每個禮拜都寫，就像報紙出社論一樣，還去申請免費的留言板討論區，然後第一次跟大陸、香港、馬來西亞的華人網友認識，也開拓了我的視野。我那時候就發現，原來在台灣以外，還有這麼多跟我一樣用中國字，講中國話的炎黃子孫，就覺得大中華這個圈子眞的很大。

會不會在意自己的意見，跟網路上的多數意見不太一樣？

我當然不會在意，因爲我習慣了。我從二〇〇〇年就成立個人網站，希望主動把我的理念散播出去、把我的立場、聲音講出來。大概要升高中的時候，第一次聽到有朋友問我說，你都不會在意別人的感覺或眼光嗎？當時我也一愣，我又不是侵害別人的自由，我只是說我的話，為什麼要在意別人的眼光？當時我也很納悶，這為什麼會是問題呢？

有沒有跟網友互動印象深刻的例子？

有個網友寄信給我，講出他有被霸凌的顧慮，所以是用分身帳號。他講到一點打動我的是，他說：「台灣已經失落了十六年，台灣已經沒有希望了，炳忠，告訴我，你還在奮鬥什麼？你一個人很難挽救台灣這個病態的社會了，告訴我，你還在堅持什麼？如果你希望兩岸和平統一，那你也不用努力，就讓大陸自己去解決吧，要打就打、能和就和，如果你想挽救台灣這個社會，我覺得很困難，放棄吧，告訴我，你還堅持什麼？」

他這封信好像前面有點鼓勵我，後面又覺得，你乾脆就不要努力了、放棄了，但是對我來講，這種講法對我更激勵，那我就會想，那我們一起努力不就有希望了嗎？

當時是怎麼回應的？

我有稍微回他感謝，因爲那時候我還在想要怎麼跟他講比較好，就在拿捏說，我譴責他也不對，我罵他「你爲什麼要我放棄」也不對，所以只能夠先謝謝。

像這些人會有壓力，不敢說真話，那你要怎樣鼓勵這類的朋友，表達內心的想法？

不講話就等於默認了，那你默認以後就不要做任何批評、不要私底下來抱怨。因爲我們太多人在抱怨，你又不敢去講，可是私底下又要抱怨，那對我來講，就認爲你不講話就是默認，默認就沒有資格抱怨。聽起來是滿強硬，但問題是台灣現在社會就是這樣，沒辦法。

撰文／何宇軒、整理／郭丹穎

黃國昌

時代力量執行黨主席

永遠就是會有一群人在做，如果在做的是對的事情，這群人就會越來越大。

「戰神」，終於宣布參選立委了。

在「反媒體壟斷」、「太陽花運動」等重大社運事件中，以其堅強的法律論述與氣勢擁有高人氣的學者黃國昌，會怎麼看待「戰神」這個封號？黃國昌說，他覺得這可能只是媒體想要創造出來的效果，而他也認為，一旦當了什麼所謂的戰神，就會引來很多的攻擊，所以沒有表示過喜歡或不喜歡。

他以小時候很喜歡看的劍道漫畫《好小子》為例，像運動這種事情，只要在哪個比賽中拿了第一名，別人就會想來挑戰，所以對他來說，必須要認知到那是一個「名」才會有壓力，但他沒有認知到那是個「名」，所以也沒有什麼壓力。

二〇一五年七月二十七日上午，他宣布投入新北市汐止區立委選舉。時代力量表示，黃國昌是從家鄉出發，為進步力量在國會再拚一席，「期待從台灣頭開始，注入進步新力量，贏回屬於全體人民的新國會。」

然而，在外人眼中看來無堅不摧的戰神，也會有心灰意冷的時候。他曾以法律觀點分析王金平黨籍爭議的問題，卻被指為「獻策」的政治打手；他難過地差點想關閉臉書，卻也意外收到許多鼓勵。而在推動民主運動的過程中，他有時也會感嘆：「我在意的事情一般人卻不在意，像是活在平行世界。」

在二〇一〇年的ECFA公投案，他看不慣公民投票審議委員會，竟把人民提案的投票案駁回，於是公開叫陣，要委員會的委員出來辯論。他也坦言，這在學術圈是大忌，特別是他比較資淺，而對方是比較資深的人，「你得罪了有權力的人，那些人要搞你，以後的路很長啦！」

他一直把自己定位成在第二線提供論述的角色，但後來卻宣布加入時代力量政黨並擔任主席，他在聲明中寫道：「當在前線的戰士頻頻回頭召喚，我實在難以選擇繼續留在後方搖旗吶喊。」

使用社群平台的經驗？

我不算是鄉民，連淺的都不算。像是PTT、臉書，我一直都沒有使用，其中一個理由是因爲工作很忙，時間不多。按照我粗淺的了解，在網路上面發表言論，如果有人來留言，那我禮貌上應該要去互動。我並不是說我留言就一定要回我，只是別人跟我留言的話，我禮貌上應該要回一下，但是我覺得我沒有時間互動，所以乾脆打從一開始就不使用這些社群媒體。即使後來開臉書，我也在上面寫說我沒有辦法常常回留言，請大家見諒。其實也不能說我個人認爲這是一種禮貌，因爲我也是不曉得從那裡聽來的，或許這個觀念是錯的也說不定，所以你們會發現我很少在臉書上面回留言。

眞的開始用臉書，是爲了「憲法133」的宣傳（編按：之後推動國民黨立委吳育昇罷免案，時間比「割闌尾計畫」更早，但罷免沒有成功），所以我就決定開始使用臉書，我還記得我第一篇網誌是〈罷免不得宣傳？憲法法庭見！〉。我那時候在不合理的罷免法制裡面挑了「罷免不能宣傳」來討論，因爲很多人都沒注意到這個法制。一般的大衆媒體也有顧忌：第一，罷免這件事對人的針對性太強，再來就是因爲罷免這件事不能宣傳，那媒體會擔心，如果去報導的話，是不是也會出事。媒體表面上的理由說他們怕被罰，但我光聽到新聞媒體會有這種恐懼，覺得眞是荒謬到了極致，雖然割闌尾到後期媒體比較沒顧忌、開始敢報了，可是一開始不是這樣的。

後來我就開始用臉書，我一開始不希望我的臉書都是去轉載新聞媒體的報導，因爲我覺得那沒有意思，我希望我每天都花一點時間寫一點文字，從法律上的觀點去解釋一些社會上正在發生的事情。目的就是要用比較淺顯的文字，讓大家可以了解法律的規定是什麼，是合理還是不合理。

你的臉書網誌上後來有一篇提到這是「最後一篇網誌」，為何這樣寫？

那是在「九月政爭」的時候，我雖然覺得王金平一開始有錯，但我不覺得馬英九是對的，因爲從我們國家整個憲政法治的角度來看，應該要回到立法院的紀律委員會去處理這件事情。那個時候的運作根本就是亂七八糟，變成馬英九突然變成從黨主席的身分開除黨員王金平，讓他喪失國會議長的身分，那就是把手伸到國會裡面去嘛！

我那時候就講說，王金平現在最簡單的防禦手段，就是像法院去申請一個「定暫時狀態的假處分」，所以我後來寫了一篇文叫〈王金平的下一步〉，把王金平接下來該怎麼做都寫得很完整，那是法律上的觀點。後來王金平果然就這樣做，也把國會議長的身分保住了。有很多支持王金平、痛恨馬英九的人就大聲叫好，說我眞

期待從台灣頭開始，注入進步新力量，贏回屬於全體人民的新國會。

照片提供／黃國昌

的是出了妙招。可是另外一邊，覺得王金平很糟糕、馬英九是爲民除害的人就來罵我，說我好好一個法學教授怎麼介入政治鬥爭、在背後下指導棋、去教王金平這種關說的人如何保住他國會議長的身分，覺得我在幫王金平進行背後的政治操作。

從我的立場來講，這件事情的是非對錯，我都講得很清楚了，就兩個人都有錯，整件事情應該要怎麼解決。我看完兩邊說法，有些覺得我神機妙算、說我很厲害的，我其實沒有很高興。但那些罵我說怎麼幫忙出主意，特別是有人在背後說我幫政治人物當打手，我看了留言覺得滿難過的。有一天晚上我自己待在中研院研究室，心情很難過，才打了那篇「最後一篇網誌」，本來是要把臉書給關了，結果沒想到一貼上去之後，留言就一直跑進來，還有人打電話給我，拜託我不要把臉書關掉。我那天晚上也掙扎非常久，後來也接受了朋友的建議，臉書留著，但是不再寫網誌了。其實我以前喜歡寫的是網誌，我不喜歡貼文也不喜歡放照片，但自從「最後一篇網誌」之後就再也沒寫了，因爲我說那是最後一篇就是最後一篇了，等於是對自己的妥協啦，就是我不寫網誌，但因爲很多朋友的要求和期待，所以我臉書也沒有關。

不寫網誌的話，要怎麼表達比較深刻的論述？

後來會寫報紙的投書，有時候再轉回臉書，讓大家知道。

比較深刻的論述就是以投書為主，不會主動寫在網路上？

也不是。前面提到停止用網誌是我對自己的交代，那比較深入的分析還是會寫在臉書上，但我就是用動態留言的方式去寫。但用這種方式寫，會讓讀者很不好找。我後來開始在留言寫的時候，發現一個滿有趣的現象：就是我花了比較多的時間和精神寫的，看的人相對比較少，但有時候寫一、兩句反而很多人看。

舉個例子是在二〇一四下半年、九合一地方選舉之前，我一直在思考到底要怎麼突破修憲的高門檻，那時候我記得大概花了一段時間思考、閱讀，寫出自己的一些想法。我寫了三千字的文章寫在動態留言上，隱約記得大約三千人按讚。後來我在選舉結果出來後只寫了一句話：「馬英九和蔡正元榮登最佳初選員。」就只寫這句話，結果竟然有一萬八千多個讚。我覺得這真的是滿有趣的現象，我就去問一些年輕人，他們就說，最佳的長度不要超過二百字，寫到三千字怎麼會有人去看？看一半就要睡著了。只是對我來說，我倒不是一定要把文章寫得長啦，只是有時候要把一件事情完整講清楚，就要寫比較長。

網友留言回饋，如果是出於誤會或是惡意，會去澄清嗎？

如果有時間的話是會啦，但老實說我覺得你寫一句我寫一句這樣的溝通方式，有時候製造誤會的幾乎大於澄清誤會的機率。像我之前沒在用臉書的時候，我周遭的朋友，就因爲在臉書上，可能因爲其中的一兩句話讓對方覺得很不高興，特別抓出來講。一件本來可能沒什麼的事情，就這樣搞來搞去變得越來越大條。本來是在講這一件事情，有不同的看法，結果留言到後來已經完全在吵另外一個事情。我比較喜歡的是，如果這件事情有需要講清楚的話，那就面對面講清楚，因爲人跟人之間最直接的溝通，我覺得可以比較有效澄清誤會。

那另外還有時間的問題，例如別人講了什麼，我回了，那他覺得不滿意，他又再回了，那我就被迫還要回他，變成好像陷到一個無底洞，一直被吸進去。所以我後來不做這樣的事情，也是因爲我之前看過太多的朋友遇到這樣的狀況，更何況我臉書上寫的東西伴隨著事件越來越激烈，也容易變成惡意攻擊的對象。

其實我是不會去刪留言，那我也很少主動會去看對方留什麼東西。雖然這樣子講對臉友有點不好意思（笑），就是我承認我沒有全面地看，但有的時候偶爾會瀏覽一下。我印象中比較有很認眞回的一篇留言，是因爲我認識對方，而且我還滿欣賞他的，但他沒有受過法律訓練，對我寫的東西有誤會，我想幫助他澄清這個誤會，但又不要讓他感覺到我在修理他，那中間的這個分寸我希望拿捏好；有的時候有些人如果寫了一篇錯的東西，我如果善意地和他們說，他們有時候會自己去刪掉，變成後來的人只看到我寫的東西，會有點看不懂狀況。

有許多年輕的朋友，希望能讓身邊的朋友一起參與公民運動，可是對方不一定會關心，有沒有什麼好的建議？

其實這很正常，像我已經很久沒有去百貨公司了，有一次我們爲了推「還權於民」的運動，去威秀那邊發傳單，我就看著那些在逛街、看電影、約會的人，就覺得我和別人是活在平行世界當中。我在意的事情，其實很多人都不在意。如果觀察人類進步的軌跡，會發現這是定律；永遠就是會有一群人在做，如果在做的是對的

當在前線的戰士頻頻回頭招喚，我實在難以選擇繼續留在後方搖旗吶喊。

照片提供／黃國昌

事情，這群人就會越來越大，才會讓改革的腳步能夠推進。一直以來都是這樣。感到氣餒的時候眞的要休息一下，從另外一個角度想，也有很多人未必很積極的參與，但是他們都會默默的支持，這種感動的故事也很多。

撰文／何宇軒、整理／李佳瑜

台灣欠缺的就是整體創業的環境。

蔣萬安

律師

很少有這樣的機會，可以看到一個立委選區的黨內初選，大幅佔據全國主流媒體的重要版面與時段，受矚目的狀況不亞於正式選舉。那次初選，是尋求連任的羅淑蕾以及挑戰者蔣萬安，角逐國民黨二〇一六年在台北市中山、北松山選區立委候選人提名，雙方人馬都非常具話題性。

一邊是羅淑蕾，雖然身為國民黨籍立委，卻經常批評同黨籍的總統馬英九，在黨內被稱為「孤鳥」；在二〇一四年十一月的地方首長選舉，又不斷以帳務爭議攻擊無黨籍市長候選人柯文哲。有人說，柯文哲能夠當選，是因為羅淑蕾缺乏直接證據又窮追猛打，反而招致反感，故成了「最佳助選員」。

另一方人馬，則是本篇訪談的主角蔣萬安，他長期在美國擔任執業律師，專長是新創融資和公司法。他的祖父是前總統蔣經國、父親是前立委蔣孝嚴。他是首位投入公職選舉的蔣家第四代，雖然背負著蔣家的名號，但他卻是個政治素人。

除了雙方本身的知名度與身分外，這次初選受矚目的另一個原因，是因為在四年前立委初選中，羅淑蕾以非常些微的差距，擊敗蔣萬安的父親——蔣孝嚴。但這次初選民調結果出爐時，卻是蔣萬安擊敗了羅淑蕾，獲得國民黨的提名機會。看到這樣的結果，媒體不約而同下了「王子復仇記」的標題。

不過，蔣萬安說，這次參選完全都是自己的決定，他是在做了決定之後才告訴父親要參加立委選舉，父親並沒有給他任何指示，當然也不會是「王子復仇記」。他出來參選也尊重機制和遊戲規則，完全沒有針對性。

因為之前長期在國外工作，可以想見永久居留權或是雙重國籍的問題，一定會被拿來做文章，所以他也很明快地做處理；當上節目被主持人問到相關問題的時候，立刻就表明已放棄了綠卡，並在臉書上貼出放棄的文件證明。然而，眼尖的民眾卻發現，他文件上的「國籍」一欄，填的是Taiwan，而不是Republic of China，所以他的國籍認同，莫非是「台灣」而不是「中華民國」？

蔣萬安表示，在填表格時完全沒有想這麼多，就很自然地填好表格遞件。他的友人，政大政治系副教授俞振華補充，像AIT這個機構，原本指的就是American Institute in Taiwan，所以很多表格都是填Taiwan會比較清楚，以他長年也待在美國的經驗，既然機構就已經寫台灣了，所以都會滿直覺的會去填寫台灣。

蔣萬安也說，如果要問國家認同，他選的當然是中華民國的立法委員，但是他在台灣這邊出生長大、受教育，當然會說自己是台灣人，這是毫無疑問的。

需要年輕世代出來承擔，做些改變，才能重新掌握時代的脈動。

照片提供／蔣萬安

你之前在美國擔任執業律師，為何現在選擇參選？

有些人以為我是特地返台參選，其實我在二〇一三年就回到台灣。我在台灣出生長大，念完大學、當完兵、才去美國念書，拿到學位之後留下來工作。二〇一三年跟太太回來台灣，主要有兩個原因：第一是工作的關係，那時候有越來越多亞洲的客戶，也有很多台灣的企業，其中有很多是新創公司，值得提供他們更多的協助。第二是家庭的關係，我和我太太的父母親都退休了，年紀也大了，兒女在身邊還是比較有照應，我和我太太心裡也比較踏實。

後來會決定參選，遠因是看到了太陽花運動及同年十一月地方首長大選國民黨慘敗。那時我就在思考，為何民眾對於國民黨這麼不信任？或是國民黨的政策溝通是否出現了問題？到了今年初其他政黨進行立委初選時，我看到許多代表年輕世代的新面孔，但當時國民黨卻沒有任何年輕人願意出來，這些事情帶給我很大的衝擊，所以我決定代表國民黨參選，我認為國民黨同樣需要年輕世代出來承擔，做些改變，才能重新掌握時代的脈動。

有些人質疑，你代表國民黨參選，卻又拿太陽花當做號召，似乎不是很恰當？

剛剛提到，我並不是以太陽花學運號召民眾支持我，而是這件事讓我感覺到，國民黨及台灣都需要一些改變。大家看到台灣整個政治情勢，已經和以往不同，更強調民眾與政府之間的互動。民眾眞正關心的問題，政府或許有關注到，但推出政策時，或許沒有與民眾妥善溝通，或是忽略了年輕人的心聲。其實有愈來愈多的年輕人想要積極參與，也用行動表達，希望改變我們的未來，是這樣的原因讓我決定參與初選。

之前長期在國外發展，現在要如何說服地方選民，你可以代表他們？

我之前協助過父親處理法案，幾次的選舉也都有實際參與輔選，所以有參與選舉事務的經驗。會選擇這個選區，主要是從小在中山區長大，我從小學到大學都住在這個選區，再加上父親過去立委選區也在這邊，也幫忙過父親輔選，跟地方上有深厚感情。

除了我自己成長、父親在此服務的感情以外，要如何讓民眾覺得我可以代表他？在過去這段時間，我盡量讓民眾知道蔣萬安是誰，盡量去接觸基層，傾聽他們的聲音，讓他們告訴我，他們重視的事情是什麼？同樣也讓他們了解，我未來可以進到國會幫他們做什麼事情。另外，我選的是立法委員，我不只要照顧選區選民的想法，日後訂定的法案也會和整個國家發展方向有關。我的國外實務經驗，將使得我日後處理全國性事務時，有更宏觀、全面的想法。

在網路上接觸的選民，跟實際在外面遇到的，族群是重疊還是分開？

從預選到初選階段，我都盡力去接觸基層民衆，所以有很多人開始認識我，尤其是年輕的朋友，他們可能原本不是那麼了解我，對我比較冷淡，後來從我的臉書得到訊息和想法，也會實際來主動跟我打招呼；很多年輕人第一個問題都是問我爲什麼會出來參選，我就把我的想法理念告訴他們。很多年輕朋友會眞的跑過來跟我說，他就是臉書上有留言過的某某某，他一這樣講我就知道是誰。

網友那麼多，為何會對特定網友留下深刻印象？

因爲我都會直接回訊息，如果是特別有留言給我意見的，我比較會有具體的印象，或是可能因爲他的名稱很特別（笑），所以就會從臉書互動進而到實際見面。除了年輕人，甚至也有年長者，因爲現在臉書的使用者很廣。

你都是親自回訊息？

我會親自看每一則留言私訊，有時間就會親自回；臉書的好處是即時性，我們的活動都會打卡上傳，對意見的回覆，也都很即時，會對民眾的問題一一回覆，所以除了實體基層拜訪，透過臉書也有很好的效果。

過去擔任商務律師的經驗，會是你參選立委的原因嗎？

我在國外看過很多新創團隊，我覺得最大的感觸是，在美國，尤其在矽谷，除了創業家很有創意、能力很強以外，環境也是造就他們能夠成功的原因。反觀台灣有很好的人才、很好的創意、技術能力、執行力也夠，比較欠缺的就是整體創業的環境，並沒辦法支撐這些新創團隊，主要原因是法規限制太多。

我從二〇一三年之後參加很多會議，包括經濟部中小企業處很多次的會議中，

照片提供／蔣萬安

有討論法規哪邊要鬆綁，我也提出我的看法，例如投資管道要更多、發行特別股，面額制取消等等。的確後來行政院提出了公司法修正草案，都把這些納進去，可是草案還要送到立法院，等到三讀通過，其實要再拖很久。我的感受是，很多這種會議每次都沒有結論，或是公務體系還要層層上報；不只是公司法，還有很多民生法案，最後送到立法院都不知道多少年了，可是對新創公司來講，這個市場是很競爭的，時間就是金錢，如果還不趕快改善這樣的新創環境，對這些團隊來講，怎麼有辦法跟韓國、日本、新加坡的公司競爭？

此外還有勞工問題，像人才外流也造成台灣的競爭力落後，我覺得必須要跳到體制內好好推動，因爲在體制外推實在太慢了。

假如之後無法進入國會，你會怎麼打算？

我會繼續在這個選區傾聽民眾的聲音、更深入接觸民眾，了解民眾的心聲，繼續用我的專業，不管是新創產業、民生議題、教育勞工領域，持續參與會議，在體制外推動立法、修法。

撰文／何宇軒、採訪協力／林亭君

周偉航

特急件小周的人渣文本

如果要創造一個新媒體，要在某些方面，佔到話語權的高度和位置。

你在大學生涯中，屬於哪一種人？

是「書沒讀到，朋友沒交到，什麼都不知道」的「空白人」？

是「學校一講就照聽，老師一說就服從，像羊咩咩一樣」的「咩咩人」？

還是「只要有標準答案，人生就一切完滿」的「標準答案人」？

這些犀利又貼切的分類，都出自筆名「人渣文本」的周偉航。身為大學教師的他，將第一手觀察寫成《大學生應該避免的事》這篇文章，藉此提醒學生，不要變成這幾種人；之後甚至還發展成冊，出版了《大學生不要當的28種人》一書。

這篇文章原本只是要給自己的學生看，竟然意外地廣流傳，成為他的代表作；如今的周偉航，已是一位網路意見領袖，用他犀利且尖酸的獨特風格議論時事。

但如果以為周偉航只是僥倖靠一篇文章意外爆紅，恐怕就想得太簡單；在他的文字功力背後，是長年在政治公關領域打滾所累積的實戰經驗。

雖然他好像常常罵國民黨，但是他出社會的第一份工作，就是在當年馬英九的台北市長競選團隊做政治公關，之後也不分藍綠接了許多案子，像是文宣、議題的操作等，累積了他在政界的人脈與媒體操作經驗。而這些替人作嫁的過程，也讓他進而想創建自己的個人品牌、從個人擴展到團隊。

周偉航說，「人渣文本」一定比他本名「周偉航」要有品牌價值，在外面很多人知道人渣文本，可是周偉航就只是個普通的大學教授；如果把品牌作大，說不定還可以用自己的品牌去接生意，像是去幫政治人物接案子，可以做對等式的談判，就好比公司對公司，而不會只是打工仔。

一開始為什麼寫關於各種大學生的文章？

其實「人渣文本」一開始是一個資料庫，是要給我自己教的學生看的，有點像是教學輔助的教材，那時候寫得很學術，像是傳統應用倫理學的分析，但看久了可能有點無聊，所以我就寫一些生活上的提示給學生，才會寫出《大學生應該避免的事》。它原本只是用來跟我的學生溝通，後來受到很多人的轉貼、關注，之後我才慢慢轉為對一般社會大眾溝通對話。

大學生的文章為什麼會傳得這麼快？

一開始有同學去轉貼分享，然後被媒體注意到，就快速擴散。另外也有一些批評者，也會讓它再一次擴散。當時就是一些小型的媒體慢慢把它往外推，才會有這麼強大的傳播效果。

另外我在撰寫的時候，有使用公關、宣傳上的技巧，這是過去的工作經驗所學到的基本技術和知識，因爲我希望學生能夠更自然、更親近這樣的資訊，可以讓這篇文章更容易往外推送。

哪些公關、宣傳上的技巧？

基本上那些原本是很學術性的東西，必須採用學生能夠接受的語言，所以使用了不少年輕人才會知道的專有詞彙，還有一些是同事發明的，譬如說我會替每一種人命名，而不用很長的語句去描述一種人，讓學生在傳述其中概念的時候比較方便。例如我寫到「空白人」，那同學在聊天的時候會彼此講對方說：「喔！你是空白人！」，那如果有人不知道空白人的意思，他會自己去上網搜尋，無形間又再一次推送這篇文章。

有哪些年輕人的詞彙？

其實年輕人使用的詞彙有很多，可是有先導性或是引領性的詞彙主要還是集中在比較精英的階層，像是PTT這種精英的環境，創造出非常多的新詞彙，實際上能解讀的人不多，可是能解讀的人都是所謂的國家精英階級，畢竟PTT的根基是在台大，顯現一種意見領袖的效果，所以能夠看懂、使用這種語言，代表能夠打入這個精英層，這些精英層會不斷使用這個新的專有名詞，產生某種引領的效果。

在這樣的狀況下，如果要成功打入網路社群、產生意見領袖的效果，第一，要使用PTT現有的專有名詞，在詮釋專有名詞時，必須非常熟悉，不能用錯。像所謂「網軍」或「婉君」這個詞彙，就是被國民黨用錯，造成反效果。再來是充分了解、使用後，要能夠創造出新的語彙，這個語彙要能被PTT的網友所引用，如果新創的語詞在PTT具有擴散效果的話，就可以享有話語權，這是一件非常重要的事。

如何創造一個能被使用的新語彙？

必須去掌握PTT用語的節奏與脈絡，其實它產生的速度非常快，必須隨時跟著它。首先，創造的新詞不能跟原有的矛盾或重疊，最好是描述一個新的現象，在鄉民還沒有發明或發現這個語詞的時候，率先去使用它，把它佔爲己有，當然最適當的方式，就是藉由非常有渲染力的文章帶起一個新的名詞。

其實我最早受到關注的文章，是在PTT上大概四、五年前發的一篇文章，是發在專門給大學老師看的板，在這個板上很多人在討論教學的問題，我在那個時候就說，有些同行是教一些所謂比較好的學校，稱爲「仙界」，我之前是教非常差的學校，我戲稱這些學校爲「靈界」、「黑暗界」，之後一些大學老師也用這些詞彙形容比較底層、比較偏向學店的大學的一些光怪陸離的現象。

一旦搶佔到話語權，就會被定位這是屬於我的詞，是由我發明的，所以至少在

如果要創造一個新媒體，要在某些方面，佔到話語權的高度和位置。

某個圈子，別人會說人渣文本就是最早講「黑暗界大學」的人，那以後有人要問靈界大學的問題就可以來找我，這就是話語權。如果要創造一個新媒體，還是要在某些方面上，去佔到這種話語權的高度和位置。

像 PTT 這種 BBS 系統介面與環境比較封閉，上面流行的語彙，有辦法順利在臉書流傳嗎？

重點是意見領袖。PTT使用的詞彙和概念可以很輕易地被過渡到臉書，因爲現在臉書上幾個主要的意見領袖，在我的年齡層，差不多三時到四十歲，這個階層的人幾乎都是PTT的慣性使用者，所以PTT的語彙他們也會使用。雖然PTT本身系統非常封閉，不過透過這些意見領袖的傳播，效果是非常強大的，很快就能在臉書上有引領的效果。

不屬於任何政黨，所以不管是國民黨還是民進黨，看不順眼就打。

照片提供／周偉航

「人渣文本」原本是給學生看的教學平台，為何後來會公開？

因爲它擴張得非常快速，所以我就想說把它作爲個人的平台，讓我可以享有某些媒體的資源。因爲一旦有人看，媒體就會看到，媒體就會想要結合這樣的點擊率，來幫助它進一步擴大，讓越來越多人來看到，有彼此拉抬的效果。但它發展的速度超乎我想像得快，目前我開的專欄又比較多，所以我原來的網站有點停頓；現在我給它的定位，是用來發表一般媒體不敢登的文章。

再來就會找我比較優秀的學生，來組成一個團隊，例如以一種比較有特色的方式來評論時事新聞。我期待它像是聯合報鳴人堂這樣有品質的東西，我會來指導他們一些相關的多媒體技術。

類似一個新聞評論團隊？

我目前也還沒有限定它的範圍，因爲我找到的年輕一輩的人力，很多都是新聞專長，也有社會學理基礎，但是很淺薄，可是還有一些潛能。我們可以創造出一個新的新聞形式，它是結合新聞和評論的，也可以不用做那麼即時的，可以做比較長期的；可以延遲一個月、半個月，甚至半年，去追蹤一個半年前的事件，可以用很特別的表現形式，把它做得有趣或者是非常八卦都可以。我希望是市場從來都沒有的風格，從這個角度去著手。

最初為什麼會有這樣的構想？

我曾經長時間從事流行文化的研究，流行文化其實有很多元的運用，只是我們台灣都把它想得很狹隘，到最後都只抄襲到別人的一小塊；如果就只做一個綜藝節目、一個新聞媒體、一個時事評論，我覺得都是很單薄的。所以我在跟別人談新媒

如果要創造一個新媒體，要在某些方面，佔到話語權的高度和位置。

體的時候，我都強調「彈」性，也許我們今天就做文字，下一集做影像，再下一集搞不好就做遊戲也說不定；我們要讓彈性極大，重點就是有多少人願意跟我們合作。因爲我們已經看過太多傳統媒體在轉往新媒體的路上，因爲一兩個策略上的執念，使得它出現嚴重的遲滯，本來是領先業界，但因爲別人採用新方法，可能突然就崩下來、被淘汰掉了。

網友對你的印象是以尖酸刻薄的方式去評論時事，為什麼會採用這樣的風格？

那其實原來是相聲的格局，後來是由日本搞笑藝人把它發揚光大，這種語法其實是一種搞笑的堆砌方法。那搞笑需要有一個裝傻的角色，那實際上並沒有人會來跟你裝傻，所以要去找實際表演上的傻子，再拿他來吐槽，可以產生很好笑的效果。其實藍營有很多政客，在這種裝傻的角色扮演得非常好，去吐槽他效果就不錯，重點是要找到什麼梗去吐槽他；這又牽扯到一些複雜的技法，在日本他們甚至要在學校讀個一兩年才能夠出師。

在評論新聞議題時，有哪些建議的操作原則或方針？

要有一個中長程的布局操作或目標，不是看到一個新聞就要講一下，那跟路邊的歐巴桑有什麼不同？網路上的這些部落客，戰力都比傳統民代強很多，彈性也比較高，因爲根本不屬於任何政黨，所以不管是國民黨或民進黨，看不順眼就打。他們慢慢地會建立網路的公信力，形成意見領袖，他的公信力就是最大的資產。

很多搞網軍的人都忽略了一個重要的事情，要當網軍不是一直窮追猛打就會成功，這是沒有用的。發言要一言九鼎，必須針對所有時事都是很公允的，最後面收回來，等到必要的時候，開一砲把目標打掉。例如一個很有社會地位的意見領袖站出來，說他反對連勝文、或反對誰誰誰，就眞的很有效果。所以必須要有個奠基起源，那對於這個概念，我只能說國民黨眞的非常外行。

假如談的議題太多、太廣、太發散，會不會被質疑缺乏專業？

所以要閃。例如像姚文智這個事件（編按：民進黨立委姚文智召開記者會，指控陳姓婦產科醫師有疏失，導致黃姓高齡產婦的胎兒胎死腹中，事後引爆醫界反彈，認爲打壓醫療人員士氣），醫療不是我的專長，我就不會就去談醫療，那我可以談民代開記者會基本的倫理，這就是我的專長，我就可以談得很細緻。所以每個人都可以挖掘出可以談的，把它談好、談得漂亮，別人會覺得我提供了一個不同的角度是他沒想到的，那就可以慢慢建立出公信力。

撰文／何宇軒、整理／吳慧禎

馬來貘
Cherng

插畫家

夠冷門，所以我喜歡。

說到常見的動物插畫明星，最常出現的多半是貓、狗、熊等類型，而且常是可愛正面的形象。但是插畫家 Cherng，偏偏選了「馬來貘」這種冷門、稱不上「卡哇伊」的動物，塑造的個性還是有點負面、小心眼的，但這種顛覆的設定，反而意外受到粉絲喜愛。Cherng 說，他的個性就是叛逆、反骨，喜歡非主流的東西。「非主流不好畫，但是喜歡的人就會非常喜歡。」

他畫筆下的其他角色，像是「牙齒系列」一樣也是相當另類。也因為不喜歡從眾，所以台北動物園曾經爆紅的貓熊「圓仔」也成為他消遣的對象。另外，他也以母親「美珍」為主題，分享母親的逗趣糗事，反而讓他擁有一票中年婦女粉絲。

Cherng 的作品從生活取材，並加入一點黑色幽默，也不避諱出現槍枝等道具。他表示，他最喜歡的漫畫是吉田戰車的《傳染》，它雖然很冷門，但那種無厘頭到不行、非主流的幽默讓他非常喜愛。

除了經營自己的作品，他和同屬華研旗下的插畫家也常有互動，例如以他曾以一貫的黑色幽默去吐槽療癒系的爽爽貓、或是和戲謔風格的掰掰啾啾互嗆，這樣的反差互動也意外增添了許多「笑」果。

馬來貘這個角色，是怎麼創作出來的？

其實一開始，我的創作就是畫一些生活中不常見的東西，那時候我就畫了馬來貘這個動物，只是介紹牠這個東西有多奇怪，之後也就沒有特別理牠，但有一次臉書需要放大頭照，我不想放自己的照片，就放馬來貘的頭像，結果放了牠之後，我的作品就開始有人在看，也開始走紅，就認得我的icon是馬來貘。

之後大家都一直叫我馬來貘，我就開始塑造這個角色，像是之前有圓仔，我就說圓仔是「黑白動物」，我馬來貘也是黑白動物，大家都比較關心牠，不關心我等等，開始塑造牠的個性，大家就覺得這個動物很可愛、很討喜。其實我覺得馬來貘會紅，主要是因爲那時候沒有像牠長得那麼奇怪的角色，因爲大家熟悉的角色都是很溫馨、很可愛、Q版、正面。其實馬來貘剛出來的時候是有一點負面的意象，因爲牠在忌妒別人、牠在討厭別人，但因爲這麼有人性的角色出現在網路上，那時候大家就覺得很特別。

當時為什麼會想要去嗆圓仔？

因爲那時候新聞炒太大了，就大家一直在談圓仔，不知道有什麼好炒的。可是大家就很喜歡看，不知道爲什麼。

之前拿圓仔當題材，好像引起一些爭議？

因爲那時候跟動物園合作了一個影片，然後鬧得很大，因爲沒有拿捏得很好，有人就說我在霸凌熊貓（編按：影片內容是圓仔遭其他動物排擠，還被綁在飛鏢盤上）。然後很多擁護熊貓的人就狂罵我，還寫信去動物園檢舉，說我是靠貓熊在炒作的二流畫家，那時候看是很沮喪啦！但是後來覺得也還好，當時就是冷處理。

為什麼當初動物園會讓這樣的影片過關？

動物園裡的人其實都很喜歡我，他們都滿年輕的，主管覺得這件事情很好，可以讓更多不同的年齡層的人去看這件事情，只是可能台灣還太保守了，沒有辦法接受這種幽默。其實他們動物園的人也都覺得很厭煩，因爲每天都要被媒體盯，看到媒體就壓力很大，他們說看到我那些插畫，其實很舒壓！他們動物園也很希望讓大家看到更多不同的動物，所以就找我去推廣動物園。

像你的作品常會出現黑色幽默的題材，會不會容易引來批評？

我覺得還好耶！其實我有在拿捏，要恰到好處，這是我比較自豪的，就是不會畫到太過偏頗的題材，因爲像什麼政治啊、種族啊，很容易會有觸犯他人的危險，我就盡量會去避免這些事情，然後我會去想各個方面的人，看到那些題材會不會有什麼想法，再修正到大家可以接受的。我會看過很多次、會想很久才發表。

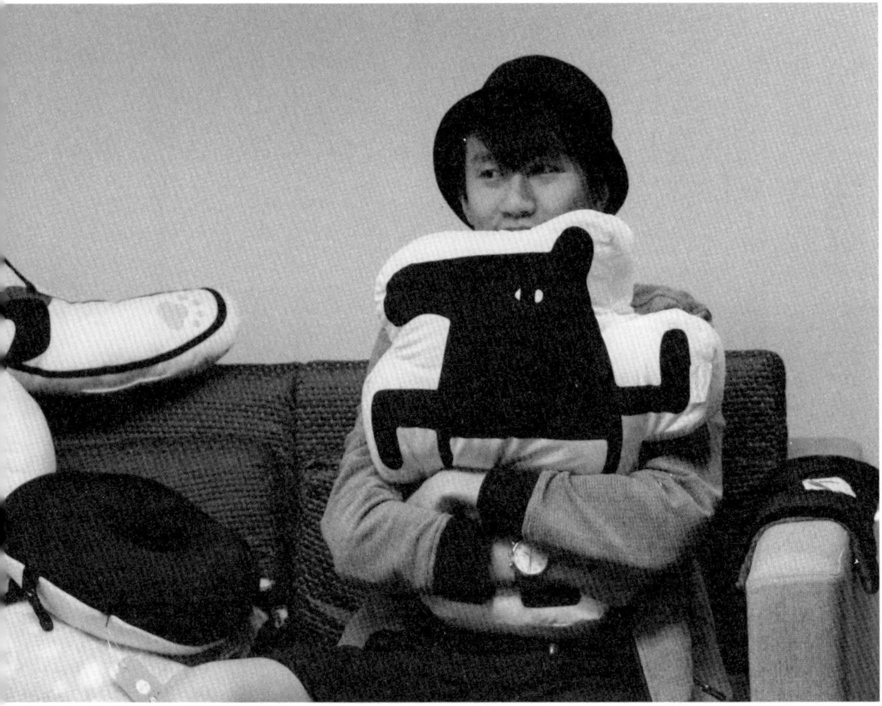

非主流不好畫，但是喜歡的人就會非常喜歡。

攝影／何宇軒

平常比較少碰政治題材，但好像有兩次例外，一次是二〇一四年太陽花運動的時候？

那次是關於太陽餅（編按：太陽花運動期間，時任行政院副秘書長蕭家淇抱怨他放在辦公室的太陽餅不見了，懷疑是學生吃掉），因爲那個眞的太好笑了，我是以一個好笑的方式去講的。我那時候的用意是，我不要讓大家認爲，我不在意太陽花這件事，但我又不想去寫出我很明確的立場，只是想陳述額外的事情，讓大家知道我有在關心這件事，剛好那時候新聞又報他很在意他的太陽餅被吃了，我就覺得這件事寫出來很好笑。

還有一次是香港佔中的時候。

我那次是很隱諱的，畫耳朵掛一個黃絲帶。因爲我其實去年已經去了大概十幾次香港，對香港有莫名的喜愛，然後也有很多香港的朋友，他們平常也都會對這件事有很多的看法。我覺得他們的情況跟台灣不太一樣，他們已經沒有辦法走回頭路了，所以我希望可以支持一下他們。

回到馬來貘這個角色，你認為牠就是代表你嗎？

其實我不希望這樣，因爲會侷限我粉絲團的調性，我其實是想要做品牌，就是Cherng這個品牌，底下有很多角色，不只是馬來貘。

對你來說，馬來貘就是一個角色，而不是代表你的全部。

但目前還是，因爲牠強過於其他角色，雖然我還有其他角色像是牙齒、動物園其他系列、我媽美珍等等，但是馬來貘的個性太鮮明了，所以目前沒有其他角色贏過牠，還在慢慢培養當中。

你已經用馬來貘來代表你自己，可是在你的漫畫中，還是會出現一個人類的角色來代表你自己？

因爲有時候馬來貘不能做到一些像人類一樣的事情。我有時候覺得馬來貘不一定等於是我個人，牠可能是我的朋友，或者牠是我的投射，但牠不會是我自己。

為什麼會想要把自己的頭髮畫成禿頭中年人的樣子？

一開始其實就是不想要著重在我的長相，也不想在路上被人家認出來，就是故意要有一個區分啦。結果有一次被學生採訪，對方竟然說：「你跟你畫的人眞的好像。」然後我就有點生氣，因爲我明明故意畫得很醜，你還說畫得跟我本人很像，感到很失禮。

你母親美珍，我很好奇她本人對你把她畫成漫畫的反應是什麼？

她應該也很期待走紅吧！哈哈！

她會不會怪你，怎麼把她的糗事拿去跟別人講？

因爲她眞的太多糗事了，其實寫一本書應該也寫不完她的事，因爲她的人生太精采了，但是她只是希望不要把她畫太老，也不要畫出她眞的出太糗的事情，眞的有些太糗的就不會畫，就是要拿捏剛好。

她會看你臉書嗎？

有啦！她有時候還會在下面留言咧！她會說：「怎麼把我畫成這樣。」還有，因爲我哥是刺青師，有次她去我哥的店裡，然後店裡的客人就很驚訝說：「你就是美珍！」在那邊尖叫。

你會怎麼看待自己的定位？

其實我也在思考，插畫家到底是不是適合我的定位，因爲有時候跟別人說我是插畫家，我自己也覺得有點奇怪，因爲我覺得自己像是圖文的創作者啦！我認爲插畫家，還是有既定的形象，例如像幾米，或者是比較藝術性質的感覺，但我覺得我又不算漫畫家，漫畫家是有一些長篇作品之類的。插畫是屬於單幅，然後會有很多意象在裡面，所以我認爲自己介於插畫家跟漫畫家之間的角色。

有想要轉型，或是做其他的改變嗎？

轉型喔，之前都說我現在紅了要當藝人……開玩笑的，因爲我還是最喜歡畫畫嘛，我一直從開始創作到現在，很怕自己會變很多、害怕自己會變質，但又怕沒有

照片提供／華研

跟以前不一樣。總之就是「很怕自己會變，但又希望自己有新的東西」。要轉變也會希望讓大家有耳目一新的感覺，但不是整個人改變了風格。因爲其實像現在的粉絲團創作，平面插畫已經有越來越多人在做，如果不做點改變的話，一定會被埋沒下去。像掰掰啾啾也開始在做影音啊！所以我一直在想，要怎麼去讓自己更與衆不同一點。

說到你跟掰掰啾啾，粉絲之間好像會塑造成你跟他有什麼情侶之類的關係，這是怎麼開始起來的？

其實我也不曉得，一開始，只是想說可以貼東西在別人粉絲團塗鴉牆上很好玩，然後他就莫名貼了一張什麼圖我忘記了，反正就是在挑釁我就對了，然後我就挑釁回去，莫名其妙大家就覺得很好笑，之後就越吵越烈，之後就不知道爲何變成情侶吵架這種走向。我也有試過跟其他人這樣玩，可是就是吵不起來，只有跟掰掰啾啾可以玩得起來。

爽爽貓的定位比較療癒系，在粉絲團上面你會用黑色幽默的方式去吐槽，反差的效果很有趣味。

眞的！

接下來要訪問掰掰啾啾，能不能請你提供一個問題，讓我們來問他？

那你就問他「你愛不愛我」好了。（笑）

撰文／何宇軒、整理／李佳瑜

掰掰啾啾

插畫家

議題沒有自己的獨特性的話，就很容易會跟大家都一樣。

大頭、小身體、大眼睛，大概是很多可愛插畫人物的共通設定。但掰掰啾啾筆下的人物，卻完全把這些要素拋諸腦後。他以真人而非動物為主要角色、配上細長的人身比例、誇張的髮型，成為他的招牌特色。有人說，他畫的人物很醜，但事實上，他一開始就是因為把人畫醜而闖出名號。

畫得醜不代表可以畫得隨便，要醜得可愛、醜得有特色、做授權商品又要賣得出去，「醜得讓人喜歡」不是件容易的事。他不在乎人物不美型，但是劇情一定要「有梗」；《搞笑漫畫日和》的超展開情節，是他欣賞的對象。他也不想畫得跟大家都一樣，所以也堅持不跟風畫時事。

他的作品內容常以兩性為題材，戲謔、帶有性暗示，卻不露骨。他用雙關、曖昧的方式表達，有粉絲說他是「低級中的高級」。之所以畫兩性題材，深層的原因，是想要提升兩性之間相處的幽默、讓兩性的議題能用比較輕鬆的角度去看待，「一旦跟男/女朋友遇到狀況的時候，花個五秒想到我的作品，或許在當下就不會那麼氣憤。」

經營粉絲團的時候，掰掰啾啾還會跟他的好麻吉、好同事——創作馬來貘的Cherng，彼此丟圖文互嗆，你來我往絕無套招，不但粉絲看了有趣，「連我自己都很期待他會怎麼嗆我」。

請分享創作歷程。

畫圖文創作已經六七年了，其實我並不是設計相關背景，到了大四、研究所的時候，都會習慣在班上畫一些東西，那時候比較有名的平台是「無名小站」，我會拿朋友的照片畫手繪的版本，因為我素描的基礎不是很好，但是大家卻喜歡那種「醜陋感」，漸漸傳開之後，還會有其他系的人把他們的朋友的照片傳給我畫。

當年最紅的像是彎彎、輔大猴這些前輩，朋友就說我其實也可以畫自己的故事放到網路上，於是我就開始畫自己的生活，很幸運地受到大家喜歡，當時流行的畫風是像彎彎、四小折那種大頭小身體的年代，比較沒有見過我這種表達方式（細長的人身比例）就從那時候一路到現在。自從無名小站開始沒落之後，就轉到臉書這邊，成立粉絲團，也從長篇的漫畫故事改成短篇，讓大家可以立即會心一笑的創作方式。

從創作長篇改成短篇，是為了配合社群網站的閱讀習慣嗎？

對，絕對是這樣。因爲那時候的長篇，是屬於一格一格的編排，它的起承轉合到了第三、第四個畫面中間，可能需要比較長的時間鋪陳。以前在部落格平台，我只要把空格拉長一點，讓大家滾動滑鼠的時間久一點，鋪梗就可以鋪陳久一點。但是臉書只能出現一張照片的情況下，沒有辦法用這樣的模式操作。很多笑點的情緒其實還沒到，結局就已經被看到了。

有人覺得你人物畫得很醜，反而意外變成你的風格？

這一切滿意外的，也沒有想說會走到這一行，因爲我不只是畫風，連內容也都比較兩性、敏感，走在被違規檢舉的邊緣，可能現在傳播速度太快，快到讓很多保守型的人也得要接受比較開放的議題，剛好能讓我搭著這波風潮。

因爲保守型態或者是生活時事的作品太多，但我不是畫畫特別好看的人，所以當我去走保守議題、走大家都能畫的議題，就很容易被取代，因爲有畫得更可愛的、畫得更好看的，甚至畫得更醜的都有，所以議題沒有自己的獨特性的話，就很容易會跟大家都一樣。我很密切關注其他的圖文粉絲頁，關注大家現在都怎麼編排梗，以及自己要怎麼去做新的東西。

會擔心因為尺度問題被檢舉嗎？

早期比較容易被檢舉，但是比較常遇到讀者都是口頭上的提醒，他們會直接留言說，「這樣的內容一定會被檢舉」，不然就是說「女性的粉絲可能都會全跑光」，但是一路走來，我都是這樣，現在也漸漸掌握什麼樣的內容可以操作。現在還是會遇到網友會檢舉，但是臉書官方沒有把我撤掉，因爲我並沒有逾矩，包括像身體裸露、政治議題、人身傷害，我都會保持在界線裡，但是還可以讓大家知道，

一旦跟男／女朋友遇到狀況的時候，花個五秒想到我的作品，或許在當下就不會那麼氣憤。

照片提供／華研

我就是在表達某些曖昧的事情。

會不會造成女性粉絲減少的狀況？

沒有耶！其實我一百多萬的粉絲，有七成是女生，我也不太理解原因，因爲我大部分都是畫給男生看的，而且通常轉我的文章的其實也是女生比較多，不管是多敏感或是多兩性，可能是因爲女生轉貼比較敏感的東西，其他朋友都會覺得她是以好笑的心態來轉，但是當男生轉的時候，其他女生就會覺得這男生可能是個變態，可能是因爲台灣的文化差異。不過這一兩年漸漸有改變，可能是因爲當女生轉載的頻率越來越高的時候，會讓男生覺得，既然連女生都轉了，所以這是幽默，不是髒東西，那男生的轉載人數才開始成長。

你在創作兩性議題的時候，有請一些女性朋友擔任顧問的角色嗎？

一定都有，我會讓她們先看，來確定是不是會有太強烈的物化，她們至少要覺得是舒服的、是笑得出來的。但因爲我不喜歡別人變動我的梗，所以可能只著重在資訊上的透露或圖像上，例如哪邊是不是只要畫出頭就好、不要帶到全身，我只是要知道她們看得舒不舒服、好不好笑而已，但是梗就是我自己掌控。

你的作品本來是畫給男生看的，之後會因為看你作品的人是女生比較多，而有所調整嗎？

我也不太確定，但我現在創作的方向是畫給男生看，但要讓女生可以接受。

議題沒有自己的獨特性的話，就很容易會跟大家都一樣。

你最近的創作是以影片為主，為什麼會開始想要做這樣的嘗試？

其實我在無名小站的時候就一直有在做影音，至於爲什麼臉書這邊也會開始，其實最主要也是要達到差異化。二〇一四年年中的時候，就決定先把一些舊影片先轉過來試試看，也就意外地走出自己的方向。但是現在也非常多人在做影音，既然大家都在做影音，那就要嘗試不同的梗的編排，假如連一些老梗議題都有影音的時候，就代表影音也不行了，那我可能需要再找到新的創作方式。

在部落格的平台，編排方式會讓你比較好掌控劇情的節奏，現在創作影片也是類似的用意嗎？

對，會覺得說自己在短篇的處理上，有些梗自己覺得好笑，但對觀衆來說，可能會跳太快，情緒還沒有到位的時候，結局就已經出來了。

為什麼會用掰掰啾啾這樣的筆名？

因爲我以前在一個時尚媒體寫文章，當時很多人都很喜歡在後面打上自己的筆名，我則是會習慣在文末寫：「掰掰，啾一個！」之後要創粉絲團的時候，我只對「掰掰啾一個」有印象，但覺得這不像是一個名字，後來就用掰掰，啾啾。

目前這些角色的創作靈感來源或原形是什麼？

以前外型都沒有特別去設計，但因爲是兩性題材，主要就是一男一女；至於會畫尖頭髮的原因，是因爲我每次頭髮都亂畫，但是有次畫太高了，被人家問說爲什麼這次頭髮這麼高，我才覺得說他可以用這樣的形象，所以「尖頭」就出現了；女生的造型其實每次也都不一定，但是因爲習慣畫擠胸部，所以大家都叫她烏魚子，那個其實也是粉絲取的。至於男男互動的「安迪不解釋」系列，是因爲有一陣子只要畫男女兩性的，都一定會被檢舉，我就想說乾脆畫男男，結果反而沒有被檢舉。

奧樂雞的由來？

奧樂雞其實是因爲馬來貘而出現的，因爲我們每次去簽名，看到Cherng只是很簡單的簽，但是它看起來就是可愛到炸掉，我就開玩笑說也要發展動物角色，而且既然馬來貘是黑的，那我也要黑的，造型是很單純的兩個眼睛，加上兩個肥香腸的嘴，然後也是莫名其妙讓大家也覺得滿可愛的。

奧樂雞是被馬來貘激發出來的？

對啊！說到動物，我還有另外一隻貓的角色，畫貓的原因，也只是因爲早期有養貓，自己比較關注流浪動物，但是貓的畫法，每個人都大同小異，我就乾脆試著把貓，畫上我自己的人臉，意外地大家又覺得那眞是醜得讓人很開心，然後就有「麥扣桑」的出現。

說到馬來貘，之前有問 Cherng，

有沒有什麼問題要問你，他叫我問你：「你愛不愛我？」

我會回答他說：「吃屎！」（笑）

撰文／何宇軒、整理／李佳瑜

Second 爽爽貓

插畫家

那就用第二個角度看吧！

「世界有一點憂鬱、也有一點幽默」、「那就用第二個角度看吧！」這是插畫家SECOND為他創作的「爽爽貓」所下的標語。SECOND說，之所以取這個筆名，就是認為很多事情是一體兩面的，希望可以多想一次、用第二個角度去看。他的代表角色爽爽貓，也是希望在現實的煩惱之外，發揮療癒人心的力量。

同為「華研」旗下的插畫家之一，他與另外兩位插畫家Cherng（馬來貘）、掰掰啾啾也都是好夥伴，三人除了一起辦創作展，還會跨越粉絲團的藩籬互丟圖文互動，看到療癒路線的爽爽貓被黑色幽默的馬來貘吐槽，著實讓人會心一笑，讓粉絲團不是只有自己唱獨角戲，而是讓彼此的粉絲都能互動交流。

創作爽爽貓這個角色的由來？

我在念研究所的時候，就在思考要做比較純藝術的創作，還是走商業的設計，那時候就很猶豫，到底是要堅持自己的理想，還是妥協去上班、面對現實。因爲很煩惱，我就在紙上隨意地寫一些鼓勵的話，就在那時候畫了爽爽貓。我PO在Instagram和臉書上，其實是要跟自己講話，抒發那時不知道該前進還是該往哪裡跑的心情，也意外發現很多人是在現實跟夢想之間徘徊。爽爽貓只有一半的眉毛，因爲那時候覺得很多煩惱是被牠偷走的，就是我在猶豫、面對未知的時候，牠好像偷走我的煩惱。

一開始創作的時候，牠的造型有什麼原型或靈感來源嗎？

其實一開始就在紙上隨性地塗鴉，但我在寫論文的那個時期，有畫過可愛的作品，但指導教授比較喜歡內心的、比較藝術的風格，就建議我先不要畫這個。可是在那時候，反而釋放出來、慢慢地成形，所以爽爽貓或許已經在心中放了很久了，然後是直到未知的時候才突然出現。

為什麼是「貓」這樣的角色？

我覺得可能是這樣的情緒跟貓有點像，就是心裡都會藏有某一面的情緒。

有養貓嗎？

沒有欸，因為我從小就過敏，家裡就不太讓我養。

所以算是一種投射嗎？

對啊，現在在臉書或者Instagram，大家就會說爽爽貓是我創作牠、養大牠的，好像養了一隻貓在虛擬世界裡面這樣。

從什麼地方得到創作的靈感來源？

其實多半都是從生活週邊開始，我有時候會需要一個人的時間，我會更知道自己內心，因爲我畫的圖文比較像是偏自己內心的，所以我就會適時讓自己獨處，一個人去游泳、一個人去書店，在這個時間多聽自己想要寫的東西，因爲有臉書跟Instagram，我就會更希望遇到一些共鳴的人，我現在就是要找到我們之間的共鳴。很多人看完我的作品會說有同感，有得到一些力量。

一開始發表作品時候，是在臉書上，還是部落格？

以前有寫部落格，爽爽貓是從臉書開始。早期我在實踐大學念研究所跟大學的時候，創作比較偏純藝術、比較像眞人風格的插畫，爽爽貓這種比較可愛的風格，是從臉書才正式開始。

在部落格時期，就已經有網友來跟你互動或給你回饋嗎？

其實到現在還是有人會說，他以前就是看我的圖跟文字，那他們就很驚訝跟爽爽貓差別蠻大的，但我覺得，創作者心裡面有好幾個個性，只是用不同的方式展現出來。

即使你的風格改變了，粉絲也還是沒有離開？

我覺得好像沒有，如果他們真的認識你的話，他不只是喜歡那個可愛的圖，而是某一個氣氛跟情緒。

創作者心裡面有好幾個個性，只是用不同的方式展現出來。

照片提供／何宇軒

有比較印象深刻的互動嗎？

有一次比較開心的是，跟高雄捷運合作了三台列車，就有一對姊妹來，姊姊就說，等一下幫她妹妹畫圖的時候，要寫說是全世界最漂亮的妹妹。我好奇爲什麼要透過姊姊來講？後來就發現妹妹是有聽障的，她們姊妹會一起看爽爽貓的圖文，然後產生了更多可以討論的話題，於是姊姊帶了妹妹一起來活動現場，那天眞的是非常感動，因爲這讓我覺得，可以用畫畫讓她們串連在一起，眞的是一件很幸運的事。

有沒有遇過比較來者不善的網友？

我這邊還好，因爲爽爽貓是比較療癒的，喜歡爽爽貓的族群本身就比較溫柔，而且有一些會問我人生的問題，他們也會說不那麼喜歡讀書，可是很喜歡畫畫，要怎麼辦，那我會給他一些我自己的意見。

也在Instagram上分享攝影創作？

其實還不到攝影，比較像是生活的紀錄，分享我的生活。

Instagram的分享偏向個人，跟爽爽貓這個角色沒有關係？

對啊，因爲臉書上只會放爽爽貓的圖文，不會放任何的生活照或是我們自己的照片，只有在Instagram上會放。

Cherng（馬來貘），就會放自己的一些事情在臉書上面。

我們三個人的個性有點不太一樣，他和掰掰啾啾就是很活躍、很搞笑。

你們平常的互動關係？

他們兩個就一直走一種很曖昧、又很好笑的、幽默的路線，例如他們會模彷街上的人拍照。他們兩個是很好笑的人，我們三個其實都是朋友，在進公司（華研）之前就是透過畫畫認識的。

所以還沒進華研就認識了？

對啊，因爲都喜歡畫畫，透過臉書跟Instagram，比較容易這樣交到朋友，後來才陸續加入華研。

之前在你的臉書有看到，像是Cherng的粉絲就會把馬來貘跟爽爽貓畫在一起，你會對這種跨粉絲頁的互動有什麼看法？

我覺得很好玩啊，像我一開始也有畫他跟圓仔，因爲之前他一直跟圓仔吵架

（編按：Cherng常會在作品中消遣台北動物園的明星貓熊「圓仔」），就會畫一些PO到他的粉絲頁上面互動，其實一開始認識就是從那個時候大家互丟圖文開始，反而會因此讓角色更鮮明，我們三個的定位就很明顯，Cherng是比較酷、比較叛逆的角色，掰掰啾啾就是那種一直沒畢業的學生，爽爽貓就是比較乖，可是又有一點小怪癖的學生，因為他們兩位的個性，爽爽貓變得更鮮明了。

像華研這樣的公司，會給你們什麼樣的資源或是協助？

資源其實還蠻多的，因為像我一開始是自己創業，當時很喜歡做週邊商品，所以自己去桃園找工廠，甚至還因為台灣找不到適當的配件，所以就去香港走了一大圈，光是做一組我就花了一年的時間。可是後來加入公司之後，公司給了更強力的整合資源，比方說授權的經紀，或者像工廠方面也能很快地協助我們去呈現想要的角色，可以比較專心在創作上。在此之前還要管理出貨、發票等很多瑣碎的事情。

談談你創業的過程。

我去上了很多授權的課程，還報了台灣創業中心的徵選、找了青年創業貸款，因爲這是自己的夢想，然後就覺得一切自己來就好了，後來才遇到了華研。

後來打消了自己創業的規劃？

對，因爲那時候光是處理出貨、版權，就發現很龐大，事情瑣碎就算了，可是最害怕的是當我一天忙完，眞的想要畫圖的時候，可能已經是晚上十點了，接下來就要畫到兩三點，變成沒辦法專心在創作上，而且太常接觸那些數據的東西，就會開始考慮要畫什麼才會賣、才能還明天的債，我覺得這樣其實不是很健康的創作心態。

照片提供／華研

很早以前就想要從事創作的工作嗎？

我以前就是喜歡畫畫，但是也不知道畫畫可以做什麼。從國中開始，那時還不知道自己要做什麼，就覺得好像壁報比賽老師都會找我做，後來在比賽中得第一名，教務處就會注意到我這個人。我國中的時候「凱西」很紅，我也很喜歡做商品，會自己印筆記本、明信片、文具，都是我自己印、自己做，賣的錢就拿來繳學費。後來做過創意市集，還有開過一家T-shirt店，賣自己設計的T-shirt。

還有開過 T-shirt 店？

那是研究所的時候，就覺得衣服是一個很好的載體，大家走在路上就會看到我的圖，我就跟好朋友一起在西門町開了一家T-shirt店。因爲我一直喜歡插圖跟文字，它只是換不同的載體而已，那時候原創的T-shirt很受歡迎，至於到現在則是臉書，大家時時刻刻都拿著手機，我就覺得其實那些名詞定義都不是很重要，只是載體會一直換而已。對我來說，T-shirt可以說是那個時代的臉書！

撰文／何宇軒、整理／郭賢麗

迷路與米米

紅，之於小孩子，根本就是不重要的事情。

插畫家

眼前這個害羞地在媽媽耳邊講悄悄話的小四男孩，竟然就是擁有超過十八萬粉絲的插畫家《一下迷路一下爆走》粉絲團的作者？許多剛認識「迷路」的網友都不敢相信，那樣的幽默感、那樣的文字敘述是個小小年紀的孩子想得到的；經營粉絲團的媽媽「米米」說：「其實小朋友的說法很直覺，這反而是孩子的文法。」在二〇一四年，因為暑假作業被媽媽PO到臉書上，迷路意外爆紅，後來也因為各式各樣取材自生活的有趣圖文吸引大批粉絲，媽媽米米被過多的好友邀請「逼得」創了《一下迷路一下爆走》粉絲專頁，除了迷路跟「爆走」弟弟的幽默創作，也有米米幫他們拍攝的生活分享和各種趣味註解。

因為迷路還是小學生，平常會被米米限制使用電腦的時間，粉絲頁主要是由米米PO文經營，但創作主題全都由迷路自己決定。例如迷路長得壯壯的，就常開自己的玩笑，創作「胖子界的金城武」、「手到腳之間是全世界最遙遠的距離」等有趣圖文，令人看了不禁莞爾一笑。

十歲的迷路其實是有多動症（ADD）的孩子，容易分心、忘事，但同時非常具有創造力。也因為米米的教育方針，讓迷路不用像其他過動小孩吃「聰明藥」，變「正常」，以自己的速度前進，發現只屬於他的美麗風景。

（以下訪談內容以媽媽米米為主，媽媽米米簡稱：米，迷路簡稱：迷）

Mr.elk跟迷路的筆名是怎麼來的？

米：二〇一四年暑假作業上面就是畫Mr.elk，但他畫那個封面的時候，他還不知道他的麋鹿要取什麼名字。後來因爲臉書要申請短網址嘛，一定要英文，我們想來想去就是Mr.elk，所以他就先寫Mr.elk。是後來我問他說要不要幫它取一個名字，他說它就是麋鹿啊，就不要取、就是麋鹿，我說那好，就用諧音，因爲他常常迷迷糊糊嘛，在數學裡迷路啊、那搭校車也會上錯校車迷路啊，一直在迷路，就叫迷路了。

怎麼進行創作？怎麼決定創作主題？

米：主題都是迷路自己決定要畫什麼，很多都來自生活的經驗，像是之前就有一篇印堂發黑，是因爲我常常虧他，比方說他數學考很爛，我就說你今天印堂黑黑的，應該是數學考很爛。後來他也用這樣的詞形容他面對開學的心情。

這些畫都是先用手畫好、拍照再用電腦軟體簡單的上色，他會用photoshop，但只會簡單的點選啊、魔術棒啊、調色盤那些。上面的文字也是直接寫好，有人覺得文字很成熟，但其實大人可能忘記了，小朋友的說法是很直覺的。

那有哪些題材不能畫嗎？

米：會引起社會大衆撻伐的（笑）。他說他上課常常會恍神，他看著老師，然後他跟他同學會想一百種蹂扁老師的方式。

怎麼經營粉絲專頁？

米：插畫的話主要是他寫完功課、有時間了就可以畫。有時候一天就畫好幾張，我就慢慢PO，他有時候好幾天也不想畫一張，就無所謂這樣子。

因爲平常不讓他上網，但特別的回應會叫他來看，寒暑假不一定，例如說會讓他用個十五分鐘。就每天會找幾個很好笑的留言，如果沒有特別的話，因爲我PO上去他都會檢查，就給他瀏覽一下。原則上因爲他是小四，所以暫時不讓他使用太多電腦。

迷：星期一學校有電腦課的時候自己會看一下，或者趁米米去洗澡的時候偷用一下（米：什麼！你偷用！）。

粉絲有對迷路做過最熱情或者誇張的事情？

有一次我們簽書會，弟弟那個時候說很喜歡一個立體的3D的襪子，就上面是一隻毛毛蟲的，但是一隻不見了，因爲有PO在臉書上，後來我們就收到好幾雙一模一樣的襪襪（笑）。另外也有些媽媽烤餅乾給他們吃，或者是如果他去書店看到他買

我沒有滿足到你的要求，可是我做一個很漂亮的我自己有什麼不好？

照片提供／華研

了一本書給他們小朋友，就買一模一樣的書給我們。

他的粉絲其實跟他滿像，都好害羞，還有有一次我們去買衣服的時候，他的粉絲好像在旁邊站很久，後來忍不住，跑來要簽名，然後沒有筆還去跟GAP的員工借筆，借來一隻還沒水，就很扼腕這樣。

另外劉墉的兒子劉軒也是他的粉絲，而且是很認眞的喜歡，五月天的阿信跟范瑋琪也都有分享過他的圖。

因爲迷路本身是屬於多動症的小朋友，他鼓舞了很多人。

有一個很嚴重的亞斯柏格症的女生，幾乎每場活動她都會帶著她的心理師參加，不管我們走到哪，他們兩個都一起出現，而且因爲他們家是做吃的，所以她也常常會帶吃的給我們。

她就是覺得很受激勵。她覺得她在這個世界上一直被孤立，大家是一國，他們亞斯柏格是另外一種人。而我們一直在推動，認爲亞斯伯格只是不同的人格特質，請不要因爲他不同就說他是症、是病，那因爲我們一直在推動這件事情，這個亞斯柏格症的女生就覺得很感動。

知道你是有名的插畫家，同學會有什麼特別的反應嗎？

迷：沒有。

米：小朋友很淡定，像有一些粉絲問我說，他會不會現在很紅，就得失心很重或是很驕傲怎麼樣，我完全沒有感覺啊，因爲那是大人社會化以後才會覺得說我渴望成名、我渴望有名氣、渴望被注意；那其實小朋友都搞不太清楚，而且就算知道你很紅，紅之於小孩子根本就是不重要的事情。

也不會在乎今天這一張圖有多少人按讚？

米：也還好，如果他自己覺得很得意，覺得自己這一張圖眞是太好笑了，他就會偶爾問一下。

會去看別的插畫家的粉絲頁嗎？比方說馬來貘的粉絲團？

米：齁！他是因爲馬來貘哥哥才進入這一行的！因爲我覺得他是不一樣的小孩，這一輩子我都沒有讓他參加任何的繪畫比賽，因爲他畫的也不是主流的風格，老師也沒有叫他參加。但是有一天他就說一定要參加一個默默文創的插畫比賽，因爲馬來貘哥哥就是那裡出來的，他就一定要去參加，他很堅持。

那是全國插畫家比賽，因爲我們去報名的時候已經剩下最後沒幾天了，有很多作品投出來，我想說「我就幫你PO啦也沒關係」，因爲其他插畫家都很厲害，也不期待結果，沒有想到他就過關斬將，最後還得了最佳人氣獎。而且還很得意不是前三名，因爲前三名沒禮物（笑）。

遇過怎樣的酸民批評嗎？如何反應？

米：一開始比較多啦，一直有人說：「一個想成名想瘋了的媽媽的陰謀。」就說其實是我畫的，只是叫一個小朋友出來演。所以後來就透過很多媒體的採訪，現場叫他畫，或後來經歷過很多活動，他也都在現場畫啊，後來還有人不相信，我們就把他畫畫的時候錄下來。可是我覺得不看的人就不會看，他就堅持說那是一個媽媽的陰謀，說我想紅想瘋了這樣子。

其實我覺得現在酸民什麼話都說得出來眞的太強了，還說什麼哪天被踢爆了就犯詐欺罪還是怎麼樣，反正很誇張，什麼沒有人格的母親養成沒有人格的孩子這樣子，很嚴重。後來還有人質疑那個字太漂亮不是他寫的，質疑是我寫的。

迷：你（指米米）畫的那麼醜。

米：所以人家質疑那是我畫的他也很生氣，後來就我就PO他學校的作業證明他的字跡，那篇就有很多媽媽跳出來說迷路字根本不算好看，他們就PO出自己小孩的作業，很多字眞的漂亮到不行，一個四年級的、有的二年級，那字就跟大人一樣。

還有，他是一個寫錯字大王，國小小朋友寫錯字是很正常的，可是很多正義魔人沒有辦法忍受，就會罵我：「你是他媽媽，你爲什麼不幫他校字。」我認爲就是創作者的一部分嘛，我要怎麼校字？但是就有一票的人會很介意很生氣，覺得我不負責。

有一次他有一個英文寫錯了，結果就有一個女的罵了好長一段，就說：「你爲什麼對自己這麼不負責任呢？牆壁是W-A-L-L，他寫W-E-L-L。」那個人好生氣，說你如果不確定的狀況爲什麼不查字典？寫了很長很長，結果後來被其他粉絲圍剿、變大混戰，結果他把自己留言都刪除了，他本來跟人家都對罵大概四五十篇。

開始經營粉絲頁後有些什麼改變嗎？

米：其實你現在看到他，已經比以前活潑開朗太多了，他以前是不敢看人的，他只敢看我跟弟弟，連外公、外婆都不敢看，因爲他幼稚園幾乎是每一堂課都是被羞辱，就是被老師言語霸凌，就是你怎麼那麼笨、那麼蠢，或是被罰站因爲不專心，然後還帶到隔壁班罵給隔壁班看。

但我覺得，這樣的孩子其實很多，在台灣確診的一百個裡面有八個、還有不確診，可是很多媽媽也不懂什麼是多動症，老師也不知道，那這些孩子就是一路被罵、被羞辱、被唱衰，我自己小時候也是很嚴重ADHD，媽媽就送我去嚴格的學校，但其實再怎麼打我還是沒有辦法符合你要求，我還是最後做我自己。我沒有滿足到你的要求，可是我做一個很漂亮的我自己有什麼不好？

所以我們現在推廣這件事情。迷路看到比他更需要幫助的很多小朋友，比方說我們之前看偏鄉孩童的紀錄片，就發現雖然同在一個台灣，那個小孩子可以貧困到沒有鞋子穿、一個村莊裡面只有兩台電視。他就會突然間發現，他很珍惜自己有的，也因爲這樣子開始幫很多小朋友。他也開始肯定自己，他跟我講說：「我覺得我還好，我沒有像老師說得那麼爛。」然後就慢慢變得有自信，現在都敢抬頭看人，也可以做眼神的contact。

採訪、撰文／郭丹穎

我不缺粉絲，我缺朋友！

KKBOX 副總

織田紀香

「當鄉民夠久，成為一個資深鄉民時，誰都可以當一個鍵盤專家。」這是在亞洲網路行銷業界聲譽卓著、KKBOX副總織田紀香的獨到心得。

用一句話說明臉書對你生活跟工作的重要性？

「至關重要也無關緊要」，打開臉書集成式的頁面比較容易看到篩選過，或是比較適合你的內容，省下一些不必要的時間浪費，但你不用的時候你還是活著啊！

為什麼不用粉絲專頁？

我不缺粉絲，我缺的是朋友！

那些眞實在乎你存在過、發生每一個行爲的朋友。

眞實生活的朋友，不會把你當成是偶像，也不會把你捧得高高的。

社交媒體的本質還是以交友爲主，粉絲專頁顧名思義就是粉絲，它不是一個社交行爲，它比較像是一個「跟蹤狂」，比方說藝人跟小模，他們需要人氣啊！

他們也有私人帳號，也不會誰來加他朋友他都說好，所以粉絲專頁從根本性來說，就跟個人帳號的定位完全不一樣。

我加入一大堆粉絲專頁，到最後沒有幾個會出現在我的動態消息上面。現在臉書的權重，維持在八：一：一，八成朋友動態、一成廣告，一成的粉絲專頁內容。

這還要和其他粉絲專頁比，在哪個時間點發表，而這個時間點又被比較多的人看到，互動率較高，導致該文的權重被提高之後才在你的眼前出現。

哇！光講完這些話就覺得好累！

主導權還是在臉書身上！對品牌經營者來說，影響力跟擴散力不如想像中那麼好的話，也不值得再花那麼多的時間心思去經營粉絲專頁。

粉絲專頁靠的是一次又一次資訊發布，不斷地觸及到粉絲，那種彼此之間關聯性被不斷地強化，建立跟你一個強烈的裙帶關係。可是如果你發的內容，被臉書主觀認定「質」夠好，量再多也是不會被看到的！

經營粉絲專頁，到底意義是什麼？我覺得很矛盾的是，之前我一直教人怎麼經營粉絲專頁，慢慢做出一些名氣的，可是最近反而勸人家不要。

因爲幹嘛作嫁流量給臉書，還要再花廣告費，來打自己的粉絲專頁。你不覺得這整個很可笑的嗎？

有錢怎麼不爲自己的官方網站打廣告呢？至少人家還知道你的網站在哪裡。

如果以玩遊戲的心態來看待粉絲專頁的話，那我恭喜你解脫了！花錢買裝備不一定能獲得滿足，如果又碰到重裝備的對手呢？遊戲就是一個殺時間的東西，絕對不會是你的主要的戰場。

就行銷策略而言，粉絲專頁不應該是最重要的位置，應該是一個輔助性的工具，經營得好就當作加分，經營不好也不要怪東怪西，因為很多因素不是你能決定。

要用什麼心態經營社群平台？

如果你本來就是一個不喜歡跟別人溝通的人，然後硬要做一個主管的角色，只會得到一個下場，背離人心啊！不擅長去跟別人說什麼事情是對的，什麼事情是錯的，也不願意扮演一個主管的角色，只因為職稱掛那邊，所以覺得下屬就應該要順

多數人不會解決原本問題，你也不會改變原本遭遇的困境，這會複製到另外一個地方再重新開始。

照片提供／織田紀香

從、接受、認同嗎？

同理，經營臉書不能夠因爲你覺得大家都說社群很重要就去做，應該是你本身就已經是沉浸在社群裡面。

你能看到自我存在的價値，也找到自我發揮的位置，甚至爲此而廢寢忘食你都願意的話，那你就很適合做這一件事情。

因爲我不需要告訴你該做什麼，你就會花時間在上面，你就會知道什麼叫做社群了。

也就是說，它成爲我DNA裡面的一種，不是外加打個針就能改變的，它是你生活中很習慣的行爲、語言跟態度，自然而然透過某些你已經很清楚且熟悉的工具去把它發揮到最大化。

怎麼看待你在網路的影響力？

沒有怎麼看！就是過一天是一天！務實的活著！

我覺得不是影響力，只是大家願意跟你交朋友。

有人問我很多問題，有關於他的人生該往哪裡去啊！也曾經有人因爲狀況不是很好，本來想結束生命，然後在他結束生命之前，想要講一些話，所以鼓起勇氣傳了一些訊息給我，告訴我說他要自殺，還透露其實連遺書都寫好了。

後來看到他的動態還有在發，也有在更新，所以他應該沒有死。

你講了什麼改變他的想法？

我沒有講什麼，就是教他怎麼做他自己！好好認眞去做你該做的事情，張大眼睛去看這個世界！

大部分的人看到眼前就是一片霧濛濛的，你問他下一步要做什麼事情他都不一定能夠說清楚。

有些人你給他看一片森林，他只看到一棵樹。有些人你給他看一顆沙子，他會看到一片土地。

了解到他的狀況，了解他的障礙與心結是卡在哪裡，最後你也不用去解開它，你也不用去安慰他，你就跟他聊他自己會去想、會去吸收。

從這個例子來看，誰講的很重要，因為是你講的，而長輩、男女朋友、同學講的可能不重要？

也許他爸媽講的東西在他心中才重要，只是說他選擇習慣忽略，因爲太熟了吧！

我也有過自殺的念頭，最後因爲我太太緊急把我找回來，不然就跳下去了。

爲什麼臉書有辦法佔據大家大部分的時間？我覺得就是寂寞，沒有被認同感。只有你在寂寞的時候才會去滑啊！絕大多數的人對於社交這件事情相對是陌生的，所以臉書的出現讓這件事情變得更容易。

本身社交圈就很豐富的人，可能根本不需要臉書。

你提到自殺的念頭，是什麼樣的原因導致呢？

我以前創業哪有什麼天使投資人，經營一家公司超過十個月沒有收入，發不出薪水的時候，就會是擊潰你所有自信的根本。

員工拿不到薪水，也不會願意認真幹活，你也不能要求他，你只能漠視他，也沒有辦法開除，變成了一個惡性循環。

創業失敗，付不出薪水，各種壓力在我心中累積長達兩年。

從沒有人告訴我們，怎樣去面對失敗之後的爛攤子，而我會走入想要解決自己的念頭，就是沒有辦法理性的思考，也不會客觀且正確地面對事情。

舉例來說，年輕人工作不如意，辭職信交出去的那一瞬間，心情都愉快了！但其實辭職信丟出去之後，人生才是進入一段不幸的開始啊！因爲多數人不會解決原本問題，你也不會改變原本遭遇的困境，這會複製到另外一個地方再重新開始，然後再發下一次的辭職信。

人在情緒的蒙蔽之下，會喪失做出正確決策的能力。

從過去的創業失敗得到什麼經驗？

每一個員工年輕的臉孔，都是一個壓力，都是一把刀。

我現在創業是已經先準備好了再來做，這次雖然是第三次創業，但說老實話，每天都戒慎惶恐，吊著一顆心來上班，得失心還是重。

現在每天都會很嚴謹地檢視每一個人的工作，看這家公司的發展，避免同樣的錯誤問題再次發生。

現在的社群時代，怎麼經營自己？

我覺得最重要就是自然不做作吧！懂得分享，也懂得去跟人們溝通，願意付出，自然而然也許會有意外的收穫。

採訪、撰文／焦浩崴

林之晨

AppWorks之初創投創始合夥人

人生的懶人包，就是去大公司上班。

從一九九九年創業至今，AppWorks之初創投合夥人林之晨，如今儼然成為台灣年輕創業世代中，獨一無二的代言人。

代言人？因為從最初Hotcool網站、碩網資訊乃至於AppWorks，林之晨總是能夠看見，網路大時代的「甜蜜點」（Sweet Spot）。

現在甜蜜，但起初卻辛酸。

三、五年前，台灣社會根本沒有育成孵化與加速器概念，林之晨憑著勁筆，在部落格與臉書上不斷闡述先進市場理念，終於把冷灶燒起了熱火。如今AppWorks每一期入駐團隊的成果展現，已經成為台灣每半年最受關注的創業美事。

這一位創業代言人，如今依然筆耕不懈，總是透早清晨、趁著家中小孩尚未起床吵著找爸爸的時候，細細分享創業心得與感想。除了創業圈關注外，林之晨的獨到思維，如今也屢屢主導輿論議題，並進一步討論媒體與民主社會的關連性，以及新媒體產業的發展腳步，甚至進一步引領國家政策方向。

網路，是台灣未來三十年，最重要的行業

到現在，我們對網路的重視，還是遠遠落後於美國、中國、日本、韓國。

現在Internet在台灣只是一個重要的行業，但不是「最重要的行業」。所以台灣的年輕人，並不會以加入網路這個行業為最優先，但Internet是一個人才的行業，如果最優秀的人沒有加入網路行業，我們自然就不能享受一流的Internet的服務。

我們還活在過氣時代，聯發科的硬體光榮之中。台灣金字塔頂端的人還是以加入聯發科為目標。

這是有因果關係！二〇〇〇年到二〇一〇年，就是因為台灣不重視網路行業，所以人才都去了聯發科、宏達電。

二〇一〇年之後有點轉變了，但是轉變速度還是不夠快。現在去問大學資工系畢業生，可能十個裡面只會有一個說我要投入網路行業，其它還是要去聯發科。

這個是真正的原因，台灣年輕一輩的人才，並不以網路行業做最優先的選擇。這個是我們和美國、中國最不一樣的地方，他們最優秀的人，一定會覺得要加入Google、臉書、百度、阿里巴巴。

中國年輕人甚至會說：「我去騰訊蹲三年後就要創業了！」

所以台灣全體上下，應該要去意識網路是台灣未來三十年，最重要的一個行業！我們要喚醒年輕人的意識：加入Internet才有未來性！

我直言不諱的說，人生的懶人包，就是去大公司上班。

如果你有一天眞的想要創業，你怎麼可能是用懶人包在過你的人生？如果你想用懶人包過你的人生，那你眞的不要來找自己麻煩。創業絕對不是一個可以「自動導航」的事情。

成功創業者的特質包括：心、腦、手。

心就是決心，也就是死都要成功，絕對不放棄。這種決心的來源，可能是小時候家裡很窮被鄰居瞧不起、可能是上班懷才不遇，這些都是有一個「屈辱」，所以才會有堅持到底的決心！也有很多創業者說，我人生前半段還滿順的，沒有屈辱怎麼辦？這也滿容易的，就到臉書上和你的千百個朋友說我要創業了，你們都是魯蛇，五年之後我就會變成溫拿！這保證你絕對有壓力不能失敗。

創業是一個「腦力競爭」的行業，因爲同一個題目，全世界可能有幾萬個團隊在做，要怎麼樣變成這裡面的第一名？學習速度要夠快，綜合思考要夠強、要能夠策略思考、能夠快速決策，還要能夠在有限的資訊下，盡量的做出正確判斷，學習和思考的速度要非常的快。

手就是執行力要高，想到要能做到。

重要性也是心到腦再到手！因爲心是最難得到的，再來是腦再來是手。

怎麼看 Mobile Internet 的發展趨勢？

大家如果記得，第一次Internet booming的時候，企業、廠商都等不及要做官方網站了，但是消費者根本就還沒開始上網。

我一九九九年創業的時候，台灣的上網人口大約是三、四百萬，大家就已經很興奮了，現在台灣的智慧型手機的普及度是一千七百萬台以上，但企業網站「Mobile Friendly」的比例，卻不到一半。特別是，企業有自己的APP來提供消費者服務的可能不到一％！

這像是消費者家裡買了電視，但是沒有很多節目可以去看。

大家可以問問身邊的朋友，肯定沒有人是滿意他手機裡的選擇！每個人都還想要更多更好用的APP，問題不是找不到，是沒有。比如說，誰不想要坐公車的時候能用手機付錢？去7-11你想用手機付也不行！

更大格局來看，這幾乎是人類史上第一次，有消費者採用一個平台的速度比企業還要快。

所有手機用戶現在是不被滿足的，這是一個全世界的普遍情況，不是只有台灣。唯一是大陸市場比較快一點，因爲大陸現在手機用戶是六、七億人，已經比PC上網的三、四億人還多了。因此現在全大陸所有的網路公司，都在發展Mobile。

台灣和美國，三年後Mobile會變成主流！Mobile佔據人們的時間，會超過其它一切的東西，包括透過行動買東西、獲取內容，其它東西都會變成非主流。

以一個網路服務來講的話，大部分的流量和營業額來自Mobile，三年後會是確立的。接下來，就是透過Mobile去取得服務性的商品，就是所謂的O2O（Online to Offline）也會確立的。

三年後的電池技術，會開始進步，所以很多物聯網的的產品會變得更好。可以想像三年後的apple watch可以不透過iPhone連結網路，有點像一開始iPod是連電腦的，後來iPhone剪斷這這個線。

因此物聯網在三年後，會變成一個獨立的行業，而不是一個配件。

在網路新經濟的大趨勢下，怎麼看新媒體對社會的影響？

以前大衆媒體的民主，並不是眞的民主啊！

因爲總是有少數人，透過大衆媒體在洗腦！讓所有人誤以爲是民主，但是每次到了選舉的時候，又會激起族群的仇視，那不是眞正的民主。

我覺得柯文哲參選台北市長的過程中，沒有任何族群的議題在裡面，他是一群公民自己在網路上透過分享和討論，去決定誰是下一任市長最適合的人選，這樣的方式，其實是比以前大衆媒體的時代更民主。

眞的要講民主體制的實踐，我覺得現在Social Media的時代，實踐程度遠遠超過以前大衆媒體的時代。

對新媒體的團隊來說，沒有包袱是最關鍵的。例如說報紙要轉型，雖然營業額每年下滑十%，但是還是有好幾億嘛！那就丟不掉啊！記者還是要幫報紙生產內容，然後他生產出來的內容是報紙先用，隔了半天再放到網站上，然後再放到APP去，可是其實報紙每天才出一次，但是APP的使用者是二十四小時的，所以應該是APP最優先，然後才是網站，再來才是報紙。

因爲報紙是最大的營業額來源，所以我的員工不能不去服務它，這就是最大的包袱。

我從來不覺得「新媒體」是一個字，你有看過臉書上，誰早上起來說：「我要

北風是沒有用的，要做太陽。

照片提供 / AppWorks之初創投

看一個新媒體的嗎？」沒有的，但他們想要什麼？他們想要資訊、要知識、要內容。

新媒體是傳統媒體自己發明出來的一個字。對台灣臉書這一千六百萬用戶來說，沒有人在找新媒體，他們要的是能夠讓他們覺得開心、充實、被啓發、學習的內容與知識，如此簡單而已。

提到民主與媒體的關係，怎麼看「婉君」現象？

婉君和新媒體一樣，都是「僞議題」。

網軍就是舊媒體的人在叫的嘛！但台灣的網軍是誰？就是一千六百萬的臉書用戶，但他們不是「網軍」，他們都是「人民」啊！

事實上，有白帽就會有黑帽，黑帽會永遠存在！但隨著社群媒體的力量越來越大，其實黑帽這件事情的價值會越來越難彰顯，也就是說派一群人幫我去散播一個消息，那這個消息沒有被再分享的話，他就永遠擴散不開來。

當這個消息會被再分享，表示這個消息本身是被認同的，所以不在於第一波散播的人有沒有拿到錢，而是這個消息本身本來就是被認同的。

如果是這樣的話，那些拿錢散播消息的人，只是稍稍加速了這個消息散播的速度，但並不是因爲「他們」讓這個消息被散布。

「他們」不能改變這個消息本身被不被認同，因爲第二層擴散的人，必須要先認同這個消息才會分享出來。就算第一層你雇用一百個網軍，第二層是一萬個人去擴散，其實沒有辦法去影響這一萬個人認同某一個消息。

放大格局來看，全球網路產業的競爭態勢為何？

Internet這個行業的競爭程度比實體大太多了！

比如說我在這個街邊開了一家小籠包店，那方圓三百公尺內如果都沒有小籠包店，我就是一個local monopoly，只要我的小籠包不要做的太難吃，其實懶得走遠的人都會來我這裡吃小籠包。

但在網路上是沒有local monopoly這件事，每個人都是在二億五千萬個網站、二百萬個APP上競爭，所以消費者不喜歡你的服務，隨時都有下一個可以換。

更關鍵的是，轉型其實是很困難的。A服務做不好的，轉去做B服務也有成千上萬個競爭者。

經營部落格有哪些新方向？

大衆越來越速食，喜歡快速滿足的內容，但是我的目標讀者從來就不是大衆，所以我從來也沒有在意大衆的喜好，我的文章是寫給創業人和網路人看的。

我寫文章除了我自己的「思想舉重」之外，我也想要提供創業者和網路人對他們來講能夠啓發他們、有用的資訊和內容。現在看起來，以我的網站流量和粉絲團大家的反應，還是有一群人是需要這樣的內容，那這也就是我想要服務的人。

所以我並不會因爲大衆喜歡吃素食，而我就不開鼎泰豐，因爲我們服務的人群是不一樣的。

作為網路上的意見領袖，有沒有被攻擊過？

客觀來說，我的網站與部落格經歷過二個階段。

早期的階段，我比較年少輕狂，喜歡去寫一些有攻擊性的文章，比較喜歡針砭時事。那這個就會引來很多持反對意見的人來和我辯論，那我覺得我論述的東西有道理，因爲我是「PTT世代」的人，我就很習慣去和人家筆戰，所以我就會出來和人家筆戰。

我以前會去說台灣的設計展做的很爛，一個行業的病態或問題，但後來我也發現那樣講也不會讓他變好。

現在是因爲我的年齡比較大了，我會覺得說如果我想要影響和創造改變的話，「北風是沒有用的，要做太陽。」所以我如果要影響和改變的話，我會用正面的論述、正面的案例去做一個改變，而不是用北風。

當你想要影響一個人，你可以罵他或是引導他，其實PTT很習慣在罵人，但你會覺得說是罵人只是讓你自己宣洩，對方並聽不進去。

因此最近這二、三年，我比較多是用正面論述：國外是這樣做、別人是這樣做、我們如果試著這樣做會不會比較好一點？

這導致下面留言和我筆戰的人也少很多！其實第一個我不刪留言、第二個我幾乎每篇都會回應，那我現在比較忙，所以我有些都要留到週末假日才會回應。

也因爲我現在的寫作方式，所以來和我筆戰的人少了很多。其實我是很喜歡Feedback的，既便是你講話的語氣有點衝，我還是會去撥開這個語氣、去聽到你想要講的到底是什麼。

我認爲沒有任何一個idea是完美無缺的，任何一個idea都有優缺點。我提出來的idea，一定有我沒有想到的缺點，網友的feedback（回饋）可以讓我知道思考上的漏洞，然後讓我下一次的思考更完整，所以我其實很喜歡人家給我feedback，我的思考就會越來越全面、越來越完整。

我把每一個feedback都視爲一個學習的機會。

如果說大家都覺得我寫的很好、按讚，那我就沒有學習和進步。我並不覺得我做一個網誌是權威的象徵，然後我的權威是不可以被挑戰的，我覺得我做一個網誌只是一個拋磚引玉的象徵。我把一個議題拋出來，大家來討論。

採訪、撰文／楊方儒、編輯部

徐超斌

南迴醫院發起人

即便成功機會微乎其微，甚至只有千分之一的可能性，都勝過於不願嘗試的零。

被稱為「超人醫生」的徐超斌，畢業於台北醫學院；身為排灣族人的他，在台東縣達仁鄉也被當地人被譽為「台灣史懷哲」。

這位超人醫生，雖在二〇〇六年因過勞而中風，但他仍不放棄以醫療服務大衆為己任的責任與精神，現正致力於為「南迴醫院」募資，以改善偏鄉醫療環境。

對於徐超斌來說，從醫讓他最難忘的事情，是對患者「無力回天」的困窘；他同時也感慨，台灣醫患關係因為醫療過度商業化，而變得疏遠、易產生誤解，造成醫療糾紛屢見不鮮的情形。

認為醫療是「基本人權」的徐超斌，有非常崇高的理念，認為偏鄉的民衆也應享有完善的醫療環境。

徐超斌感慨的說，在台北等大都市居住的民衆，大概很難想像，遠在三、四百公里遠的地方，竟有兩萬多位同胞沒有醫療資源可用。

至於為什麼想一肩扛起這個「政府不支持」、「民間不看好」的醫院募資計畫，徐超斌說，從大學時期起，他就將醫療當成一生志業；並且認為即便有千分之一的機率成功，這也值得一賭！

而對於為何敢說自己是台灣最帥的人，徐超斌也用爽朗的笑容的回答，如果你像我一樣殘缺（中風），卻仍能每日掛出最爽朗的笑臉，那你也可以是最帥的人啦！

即便成功機會微乎其微，甚至只有千分之一的可能性，都勝過於不願嘗試的零。

從醫多年來印象最深刻的事情？

對我來說，印象最深刻的事，莫過於「無力回天」的情形。還記得在一起醫療事件中，一位中年人因爲車禍而重傷，造成他的主動脈撕裂，其實送到醫院時，我一看他的傷勢就知道，這條命幾乎不可能救得回來了。但我仍極力去搶救，最終他的傷是在半小時內就惡化、回天乏術。

除了無法救治到病人會讓我很懊惱以外，我還遇過家屬因爲救不回病人而揚言提出告訴，或著要求醫院賠償的情形，這些都讓我印象很深刻。但我必須說，我在醫治傷患時都是非常專注、用心的，因此這種現象也使我感慨台灣醫患間的關係並不好。

最有感觸的事？

眞要說的話，在偏鄉地區的巡迴診療，所帶給我的感動最多。我過去每週會到台南新化區的一個部落義診，那時就有發現，有位老婦人每週都會拄著枴杖走過崎嶇的山路赴診；有幾次我便停下來讓她上車，載她到義診地點。

由於她老人家年歲已大，我不忍她每週得走這麼崎嶇的山路來就診，於是我曾有次開了兩週份量的藥給她；結果隔兩週後她來複診時，卻抱怨：「隔太久了。」

經過詢問後才發現，原來她認識的人中，只剩我懂排灣族母語，所以她很喜歡來找我看診，用母語與我交談；這時我才發覺，原來自己無意間剝奪了這位婦人，對於自身文化的珍惜。

即便成功機會微乎其微，甚至只有千分之一的可能性，都勝過於不願嘗試的零。

近幾年從醫經驗中，有那些過去所沒有的體悟？

我曾診斷過一位六十歲的中風婦女，她向我表示，無力活動的肢體部位會感到疼痛，當時我不以爲然，認爲這僅是她的心理作用，便替她打了維生素，希望藉此讓她心裡感到舒服點。

但直到自己在二〇〇六年時，左手、左腳也因中風無法活動後，才了解到，原來肢體麻痺的部位眞的會因爲難以移動而有疼痛感。這件事情使我反省，過去我多以醫療專業的角度來替病人醫治，現在則較能以同理心站在患者的角度，替他們看病。

對台灣醫療困境的觀察？

在全民健保全面實施以後，我不斷在思考，究竟醫療是「基本人權」還是「商業行為」呢？

在偏鄉的醫院中，一位醫生平均一天只需要看六至七名患者，但在都市裡的醫院，卻因為健保制度，而使得每位醫師每日起碼得看上六十至七十名患者。而這相差了十倍之多的人數，也降低了醫師與患者間的關係，造成不少民眾會對醫師有嚴肅、無情的刻板印象，但事實上，這些醫師根本無暇、周全顧及到每個患者的需求。

而在這樣的情況下，就容易有家屬在醫療過程中，會對醫療人員產生誤解，甚至進而提告、或動粗傷人。雖然偏鄉的醫療資源匱乏，但是那樣足夠有時間，來讓醫師與患者完善溝通、理解病情的方式，不才是最理想的醫患相處模式嗎？

「南迴醫院」募款過程中，遇到的困難？

相較於台塑的長庚醫院，南迴醫院並沒有大財團支撐；相較於馬偕、慈濟等醫院，南迴醫院更沒有宗教力量協助。這樣對照看來，就不難理解在推動募款、建設是有多艱困了。

老實說，這項募款計畫，其實中央政府並不看好，並認爲醫院沒有經費來源、無法長久經營。

除了官方的阻力以外，民間求助無門也是一個，雖然我曾諮詢過專業的工程專家，但大多數人都選擇冷眼旁觀，因此無論是設計圖、或者選址，我都在過程中不斷改進，倚靠自己的力量獨力完成。

換另一個角度來看，難道生活在偏鄉的國民就沒有「醫療人權」嗎？因此我並不認爲，醫院是用來賺錢的，況且若只在乎收益，也就意味著這些醫療服務將會變質。

我並不認為醫院是用來賺錢的，況且若只在乎收益，也就意味著這些醫療服務將會變質。

照片提供／徐超斌

如果能改善偏鄉醫療資源匱乏的情形，並提升當地工作機會，我想這更勝過純粹把醫院作爲賺錢工具。現階段基金會募款雖已達標，但建醫院的費用約還須一・五億元，尚仍須分三年募款。

為什麼想要做這麼艱難的募款計畫？

就讀大學時，就已把從醫當成自己的志業與使命了；在行醫多年來，更因爲長期觀察到南迴太麻里鄉、金峰鄉、大武鄉及達仁鄉等四鄉醫療資源匱乏的現象，且無論官方、民間都沒有人願意來協助，又因自己身分、背景都出身於醫療體系，才決定扛下責任。

但我必須要說，南迴醫院是台灣史無前例的醫院募資計畫；但即便成功機會微乎其微，甚至只有千分之一的可能性，都勝過於不願嘗試的零。

我認爲，若這間醫院能順利落成，甚至順利運作的話，無論募資、營運經驗都可以複製、運用到全台各地的偏鄉，來協助當地居民建立醫療中心。對於醫療從業人員也會有好處，醫師可以藉此機會與患者拉近距離，讓雙方的醫病關係更加良好，讓看病成爲一件「不那麼緊張」的事情。

目前南迴醫院的籌備進度？

已向衛福部提出申請立案，定預計在二〇一九年落成開業。

南迴醫院是否會和周遭的醫療單位合作？

目前已與台東馬偕醫院洽談，可能會將南迴醫院作爲初步處理、救治較輕微傷患的前哨站，再將處理過後的重症患者轉送至馬偕醫院，以「賠錢的事交給南迴做」來讓利協商。南迴醫院預計將會設置八張急性病床、十二張慢性病床，並備妥交通車接送患者。

為什麼會需要交通車？

之所以配備交通車，是因爲偏鄉地區的家庭多屬隔代教養。

曾有個案例，是老爺爺生病須住院休養，老婆婆卻因爲還得照顧孫子，所以必須在孩子上課期間往返醫院探望爺爺，這樣通常一趟來回的車資就要花費三千元左右，也是一筆不小的負擔。而南迴醫院提供的交通車，將能有效避免他們花費過多的金錢在通車上。

南迴醫院似乎也能協助當地城鄉發展？

南迴醫院不會只有醫療事業，也會提供教育方面的服務，例如當地學子讀書的場域，同時也會負起照顧獨居老人生活起居的責任，進而提高當地的就業機會、促進產業發展，以吸引更多年輕人返鄉。

這間醫院也會使用太陽能等綠色方式建造，來達到環保的目標。

近幾年來知名度變高之後，是否也帶來一些困擾？

我曾接受過一篇《聯合報》的專訪，這篇專訪中，記者請教我對於偏鄉醫療的看法，我原以爲這篇文章會以第三人稱做敘述才接受採訪；但沒想到文章以第一人稱敘述，標題還下〈建南迴醫院徐超斌自己來〉，這就讓我受到各方人士的質疑。

雖然我並不執著於這些攻擊言論，我認爲每個人都有自己的看法，如果我的做法錯誤，那我也很樂意接受批評；但我無法接受針對我身體所做的人身攻擊。

我認爲自己也只是普通人，是被媒體過度造神所拱起。我同樣有血有肉、有七情六慾，因此媒體操作所產生的「大神現象」，應專注於社會議題，並爲社會帶來正向力量，而非引發爭論、口水戰，才有實質的助益。

我在成爲公衆人物後，臉書上的發言也相對謹慎得多，會避免造成爭議。但同時我也會藉著這個影響力，來讓大衆理解醫師、患者間關係的相關議題，使大衆看到診間以外的醫療困境。

與粉絲互動中，是否有印象深刻的故事？

常常會有小朋友寫信來向我致謝，雖然內容通常是童言童語的，但都讓我感覺到溫暖。

我印象最深刻的是，有一位父親爲了協助我建醫院，專程開車帶著全家跑來找我，父親先贊助我一萬元，他們家中的幼稚園小男孩隨後拿了一包零錢給我。雖然這包零錢總共只有十七元，但是我當下拿在手上，卻感到沉甸甸的，是非常厚重、實在的感動。

為何你總是以「帥」自稱呢？

其實我的帥並不是說眞的覺得自己長得像金城武、劉德華一樣，外表相當出衆、俊俏；我要表達的是一種精神。也就是說，縱使你是身體像我一樣有殘缺（中風）的人，只要能夠如同我一般，總是掛出開朗的招牌笑容，那你就是最帥的人了！

採訪、撰文／陳彥驊

參選最大的阻力，是來自於自己。

文魯彬

環保熱血造夢者

白皮膚、深邃的雙眼、稀疏的頭髮搭配爽朗的笑容，他是文魯彬，大家都叫他Robin。

今年六十歲的文魯彬，自一九七七年來到台灣後，便愛上了台灣的淳樸與自然。居住了三十多年後，在二〇〇三年，文魯彬決定放棄美國公民身分，歸化成中華民國國民。

原來是智財權、專利法專家的文魯彬，在台北擁有一家法律事務所，現在他致力於環保議題，為了付諸行動，文魯彬更在十一年前成立了環境法律團體——「台灣蠻野心足生態協會」。

至於為何決心投入二〇一六年立委選舉，文魯彬說，除了他在擔任行政院環境保護署第六屆環評委員時，被雲林縣議長蘇金煌毆打的事件以外；更重要的是，「時機」成熟了。他認為，自二〇一一年底到二〇一三年夏天為止，台灣公民意識已逐漸凝聚，從二十二萬人的反核大遊行、十萬人的洪仲丘遊行，一直到去年的太陽花運動，都顯示出人民期待台灣政局能改變。

不過這麼積極為環保抗爭的文魯彬，內心卻是非常溫柔的。他不喜歡使用智慧型手機，除了因為智慧型手機的定位功能會透露隱私外，文魯彬以悲天憫人的視角說到，智慧型手機是目前最具「大資本主義」代表性的物品，每想到生產鏈上的勞工未獲得平等待遇、開採生產原料會危害環境等問題，他都難以用得安心。

文魯彬以他的獨到視角告訴大眾，台灣即便未加入聯合國，仍舊擁有獨特的優勢。他認為，國際上的資本主義已經讓全球環境陷入危機，台灣在未入聯的狀態下，是最有機會順應自然來發展經濟的。

雖然幾十年來台灣不少水土資源因積極開發而流失，但文魯彬仍樂觀的認為，若現在起亡羊補牢，就能讓台灣發展出一套永續的經濟模式。

決定參選二〇一六立委大選的最關鍵因素是什麼？

最主要的因素是，我覺得「時機」成熟了。從二〇一一年底至二〇一三年夏天爲止，台灣公民意識逐漸抬頭，也凝聚成實際的群眾力量；除了二〇一三年二十二萬人的「反核大遊行」以外，同年底的十萬人「洪仲丘大遊行」就可看出端倪，一直到太陽花運動的爆發，更印證台灣政治需要改革的事實。

雖然我在二〇〇七年擔任環評委員時，被雲林縣議長蘇金煌毆打後，就體驗到台灣政治與財團的共利結構已過度緊密。但在二〇〇九年爭取參選立委補選，因歸化未滿十年無法參選後，我原先打算等到二〇一八年再投身政治領域；不過這幾年來公民意識抬頭的現象，都顯示出大眾期待政治有所翻轉，所以這無疑是參與改革最好的時機。

為何選擇北投、士林區？

因爲北投、士林區擁有台北市較多的自然環境，我十分關心這裡的自然生態。但從另一個角度來看，由於蘊藏豐富的自然資源、可開發程度相當高，因此這也是未來財團、建商最有可能大興土木的地方，讓我非捍衛不可。

決定參選的最大阻力是什麼？

最大的阻力是來自於自己；除了心理方面要說服自己以外，工作方面也須放棄蠻野心足協會、律師事務所，同時本來想從事的有機堆肥事業和經營社會企業等事也必須先暫停。爲了參選，我必須放棄原有的生活。

不過我運氣很好，目前仍無遇到任何的阻礙，身邊的家人、朋友們都非常支持我參選，因此可以說是非常順利。雖然先前民視對我採訪時曾斷章取義我會退選，但我必須聲明「會選到底」。

怎麼面對社群網路上的酸民評論呢？

其實我很少去看那些言論，因爲既然是酸言酸語，就很難改變對方的想法；但若有較中肯的批評，我會試著理解對方的想法，希望能貫徹「非暴力溝通」的原則，解開對方對於自己的誤解。若經溝通後，對方仍對我持負面看法，至少也能理解他爲何這樣說。

什麼是非暴力溝通？

爲爭取印度獨立，領導不合作運動的印度聖雄甘地；爲非裔美國人爭取公民權利的運動領袖馬丁路德．金恩博士，就是最典型的「非暴力」實例。而我所說的非暴力溝通，分爲「觀察對方」、「理解對方感受」、「知道對方需求」及「進一步行動」。

藉由這種方式，將可以與對方充分溝通，即便對方不願改變想法，在過程中也可以理解他為何會這樣想。我認為，在溝通的時候，最重要的事情就是以「同理心」進行。

你在二〇〇三年時放棄美國國籍，直至二〇一四年才獲得台灣國籍；現在會覺得自己是台灣人或是美國人呢？

其實就國籍來看，我雖然是土生土長的美國人，但是未來肯定是台灣人。不過我認為，可以超脫國籍的概念來看，若全球人類都能認同自己「地球公民」的身分，就有辦法解決環境、氣候變遷等問題。

台灣至今沒有機會加入聯合國，在國際上屬於弱勢，有什麼看法？

雖然馬政府為獲得更多聯合國的資源，簽署了《公民與政治權利國際公約》、《經濟社會文化權利國際公約》等「兩公約」，但台灣目前能藉由聯合國享受到的國際利益仍是相當低的。

但我並不認為「台灣不是聯合國成員」是件壞事，因為如此一來，台灣就有機會不被「國界」的概念所束縛。我知道雖然不少人對於「台灣不是聯合國成員」這件事情感到憂慮，但就因為非屬聯合國會員，台灣有機會免受國際主流的「資本主義」經濟模式束縛，且有可能發展出特有的產業模式。

即便目前看來，台灣已朝資本主義靠攏將近數十年，同時對境內環境造成許多破壞，但是比起其他受國際主流觀念束縛的大國，仍有相當大的空間改變。其實只要觀察近四十年來全球經歷的氣候變遷、貧富差距擴大的現象就可以發現，這樣的

若全球人類都能認同自己「地球公民」的身分，就有辦法解決環境、氣候變遷等問題。

照片提供／台灣蠻野心足生態協會

情境顯然與聯合國原先的目標「世界和平」漸行漸遠。

「自然環境」與「經濟發展」難道不能並行嗎？

其實不是「發不發展」的問題，重點是「如何發展」；不是「經不經濟」，而是要「怎樣的經濟」。

英國經濟學者修馬克所著的《小即是美》（*Small is Beautiful*）中，「把人當回事」的經濟發展模式，就非常適合台灣。書中寫到東南亞的經濟發展方式，不是「爲開發而開發」，而是使用適當的技術，來適應當地的自然發展出一套特有的經濟模式，雖然無法立即賺得大錢，但這樣的方式卻是能同時保存自然資源，並永續發展經濟。

台灣的人口非常密集，因此適合手工農業，水源充沛足以蓋水壩、人造湖，其實是有足夠條件思考人口、生態及經濟發展間如何取得平衡的。因此我認爲經濟發展不應只思考如何「賺得多」，更要思考如何「賺得剛好」。

從事環保運動以來，有何比較深刻的感觸？

台塑六輕最初打算在宜蘭利澤設廠，遭到陳定南否決後，轉而想到桃園觀音、嘉義鰲鼓但因選址問題無法建造，最終落腳到雲林麥寮就是很好的例子。

而在國光石化案中也有相同的情形，國光石化原先要在彰化縣大城鄉設廠，但環保人士憂心彰化海岸特有的白海豚、蚵等自然生態會受影響，發起一波波的抗爭後，終使政府讓步，總統馬英九在二〇一一年宣布不蓋了以後，環保人士自認很開心的打了一場勝仗。

但事後才發現，原來這些石化廠在A地設廠被阻撓，仍舊會到B地去建造。國光石化最後雖然胎死腹中，但只要一想到即便我們在台灣抗爭成功了，這些石化大廠仍會跑到法規更鬆散的東南亞去設廠，同樣會對當地生態造成浩劫的情形，眞的很令人憂慮。

對於社群媒體蓬勃發展，所謂的「大神」現象有何看法？

其實即便各種類型的新媒體如雨後春筍般出現，但傳統電視、報紙等主流媒體仍握得較多話語權，這些媒體大量引述社群中特定人發言的情形，就很容易邊緣化非主流的內容與意見，只要不符大衆口味的內容就不容易曝光，這便是一種「大神現象」。

以我自己爲例，雖然有時我的發言會被媒體引用，也受過媒體採訪，但這一切都是因爲我「外表」的關係，這並不是一個好現象，媒體並不眞正在乎我是誰、在做什麼。同樣的，這些大神們的言論會被採用，也只是因爲他們本身具有「新聞話題」，媒體並不在意其發言與專業是否有關係。

我認爲社群媒體的出現，應可分散媒體過度集中的現象，但就像大神現象，如果各家媒體都只引述特定人士的發言，這樣除了因均質化而喪失新聞價值外，也會讓網路自由、公平的特性消失。

在杭士基所著的《*Manufacturing Consent: The Political Economy of the Mass Media*》中，所提及的「宣傳模式」理論說到，主流媒體有「製造服從」的功能，會洗腦大眾只消費特定產品、或遵從特定意識形態，在大神現象中，也有相同的情形發生。

來台灣後，是否有學到自己覺得更好的觀念呢？

在來到台灣後，我學到「整合工作與生活」的重要。當然我不是指超時加班、壓榨的那種整合，而是說如何把工作的責任當成一回事。我在美國時的觀念是「工作是工作、生活是生活」兩者間有非常明顯的界線，但我發現一但將工作與自身生活劃清界線，那麼人們就只會爲了工作而工作。

其實如何找到工作中的核心價値，遠比賺錢來得重要；若是只將工作當成跳板、例行公事，那麼就會不易滿足，且認爲得到的永遠不夠。印度聖雄甘地曾說：「這地球的資源足夠滿足全人類需求，但卻無法滿足少數人貪婪。」我認爲學會將工作與生活責任扛起，就能夠學會「滿足」。

後記：感謝Brain Tsai參與專訪，並提供更多觀點。文魯彬雖然在「會覺得自己是台灣人或是美國人呢？」的問題上，未明確回應，但在與Brain Tsai談話時表示「我是台灣人」。

採訪、撰文／陳彥驊

參選最大的阻力，是來自於自己。

REVOLUTION 09

起來！為了更美好的將來——15位夢想先行者的奮鬥告白

策展人—楊方儒
作者—Knowing新聞APP編輯部
主編—李筱婷
美術設計—黃庭祥
執行企劃—林倩聿
董事長
總經理—趙政岷
出版者—時報文化出版企業股份有限公司
10803台北市和平西路三段二四〇號三樓
發行專線—（〇二）二三〇六六八四二
讀者服務專線—〇八〇〇二三一七〇五
（〇二）二三〇四七一〇三
讀者服務傳真—（〇二）二三〇四六八五八
郵撥—一九三四四七二四時報文化出版公司
信箱—台北郵政七九~九九信箱
時報悅讀網—http://www.readingtimes.com.tw
電子郵箱—history@readingtimes.com.tw
法律顧問—理律法律事務所 陳長文律師、李念祖律師
印刷—盈昌印刷有限公司
初版一刷—二〇一五年十二月十一日
定價—新台幣二八〇元

國家圖書館出版品預行編目資料

起來！為了更美好的將來 : 15位夢想先行者的奮鬥告白 / Knowing新聞App編輯部. -- 初版. -- 臺北市 : 時報文化, 2015.12
面 ; 公分. -- (Revolution ; 9)

ISBN 978-957-13-6491-9(平裝)

1. 臺灣傳記

783.31 104025953

ISBN 978-957-13-6491-9
Printed in Taiwan